基于体育强国建设：
气排球运动发展研究

凌齐 / 著

中国纺织出版社有限公司

图书在版编目（CIP）数据

基于体育强国建设：气排球运动发展研究 / 凌齐著 . --北京：中国纺织出版社有限公司，2024.6
ISBN 978-7-5229-1694-1

Ⅰ.①基… Ⅱ.①凌… Ⅲ.①排球运动－研究－中国 Ⅳ.①G842

中国国家版本馆CIP数据核字（2024）第078115号

责任编辑：郭 婷　责任校对：高 涵　责任印制：储志伟

中国纺织出版社有限公司出版发行
地址：北京市朝阳区百子湾东里A407号楼　邮政编码：100124
销售电话：010—67004422　传真：010—87155801
http://www.c-textilep.com
中国纺织出版社天猫旗舰店
官方微博 http://weibo.com/2119887771
河北延风印务有限公司印刷　各地新华书店经销
2024年6月第1版第1次印刷
开本：710×1000　1/16　印张：12
字数：180千字　定价：78.00元

凡购本书，如有缺页、倒页、脱页，由本社图书营销中心调换

前　言

党的二十大报告提出"广泛开展全民健身活动，加强青少年体育工作，促进群众体育和竞技体育全面发展，加快建设体育强国。"2017年8月27日，在第十三届全国运动会即将开幕之际，习近平总书记会见全国群众体育先进单位、先进个人代表和全国体育系统先进集体、先进工作者代表以及在本届全运会群众比赛项目中获奖运动员代表时，发表《开创我国体育事业发展新局面 加快把我国建设成为体育强国》重要讲话，讲话明确要求要"精心谋划，狠抓落实，不断开创我国体育事业发展新局面，加快把我国建设成为体育强国"，同时强调"加快建设体育强国，就要坚持以人民为中心的发展思想，把人民作为发展体育事业的主体，把满足人民健身需求、促进人的全面发展作为体育工作的出发点和落脚点，落实全民健身国家战略，不断提高人民健康水平"。2020年9月22日，习近平总书记在教育文化卫生体育领域专家代表座谈会上讲话时，指出："发展体育事业不仅是实现中国梦的重要内容，还能为中华民族伟大复兴提供凝心聚气的强大精神力量。"

本书基于我国体育强国建设战略，对气排球运动发展进行分析研究。"健康第一"的思想激起全民健身的热潮，气排球运动以其独特的运动价值得到社会大众的广泛关注，全面得到普及发展。气排球是排球运动的其他运动形式，气排球运动的发展对推进"健康中国"、传承中国"女排精神"、培养中华体育文化、打造"中国创造"运动品牌、促进体育产业发展意义重大。本书分为绪论、理论部分和实践部分，其中理论部分为五章共十一节，实践部分为五章共二十六节。在撰写过程中，叶茵、李畑存、付思洁、谭炳宇、邹凌馨、任晓军协助分工进行了部分章节的材料整理和分析。

著者

2023年12月

目　录

绪　论 ·· 1

上篇　理论部分 ·· 7

第一章　体育强国建设研究 ··· 7
第二章　气排球运动导论 ·· 25
　　第一节　气排球运动简介 ··· 25
　　第二节　气排球运动发展概况 ·· 29
　　第三节　气排球运动发展趋势与研究热点 ································ 38
第三章　气排球运动科学研究综述 ··· 41
　　第一节　研究方法 ··· 41
　　第二节　整体研究情况及定量学分析 ······································ 43
　　第三节　我国各阶段气排球运动研究主题 ································ 48
第四章　气排球运动与全民健身发展研究 ································· 67
　　第一节　全民健身的内涵研究 ·· 67
　　第二节　气排球与全民健身相关的研究 ··································· 71
第五章　体育强国建设背景下气排球产业发展研究综述 ················ 76
　　第一节　体育产业相关研究 ··· 76
　　第二节　体育产业在体育强国建设进程中所发挥的作用 ··············· 79
　　第三节　气排球产业发展助力体育强国建设相关研究 ·················· 80

下篇　实践部分 ... 87

第六章　气排球技术 ... 87
第一节　气排球技术基本理论 ... 87
第二节　气排球技术力学因素 ... 88
第三节　准备姿势与移动 ... 90
第四节　气排球创新技术 ... 92
第五节　垫球 ... 93
第六节　发球 ... 97
第七节　传球 ... 100
第八节　扣球 ... 103
第九节　拦网 ... 106

第七章　气排球战术 ... 110
第一节　气排球战术基本理论 ... 110
第二节　气排球阵容配备与位置交换 ... 113
第三节　气排球个人战术 ... 115
第四节　气排球集体进攻战术 ... 118
第五节　气排球集体防守战术 ... 120
第六节　气排球战术教学与训练 ... 125

第八章　气排球教学与训练 ... 128
第一节　气排球教学 ... 128
第二节　气排球训练 ... 140
第三节　气排球专项体能训练 ... 143
第四节　气排球专项心理训练 ... 147

第九章　气排球运动竞赛组织与编排 ... 149
第一节　气排球运动竞赛组织 ... 149
第二节　竞赛编排与成绩计算方法 ... 152

第十章　气排球裁判专题知识···································156
　第一节　气排球裁判员的素质和职业道德·······················156
　第二节　气排球裁判员的哨音、手势和站位·······················158
　第三节　气排球司线员的旗示、站位和判断·······················160
　第四节　气排球裁判员配合工作································162
　第五节　网上球的判断··164

参考文献···167

附　录···179
　附录一　裁判员手势图··179
　附录二　司线员旗示图··182

绪 论

2019年8月10日，经国务院批准，国务院办公厅正式印发《体育强国建设纲要》（以下简称《纲要》）。《纲要》的发布充分体现了党和国家对体育事业的高度重视，对充分发挥体育在建设社会主义现代化国家新征程中的重要作用，为努力将体育建设成为中华民族伟大复兴的标志性事业，提供了政策保障。《纲要》从体育强国建设的三阶段战略目标、五大战略任务、九大工程项目和六大政策保障四个方面对我国体育强国建设进行了系统设计。

2020年9月22日，习近平总书记在教育文化卫生体育领域专家代表座谈会上讲话时，强调："加快建设体育强国，就要坚持以人民为中心的发展思想，把人民作为发展体育事业的主体，把满足人民健身需求、促进人的全面发展作为体育工作的出发点和落脚点，落实全民健身国家战略，不断提高人民健康水平。"又指出："发展体育事业不仅是实现中国梦的重要内容，还能为中华民族伟大复兴提供凝心聚气的强大精神力量。"习近平总书记关于体育的重要论述，鲜明提出体育强国的战略目标，高度评价了体育在实现中华民族伟大复兴中的重要地位，深刻揭示了新时代体育的崭新内涵；把人民作为发展体育事业的主体，规定了建设体育强国的价值追求；提出弘扬中华体育精神，明确了体育事业发展方向；提出"全民健身"和"健康中国"两大国家战略，夯实了体育强国事业的基础。

在对"体育强国"的内涵有了新的理解之后，国内学者普遍意识到我国体育事业的发展存在不平衡的问题，在体育获得全面发展的要求下，体育事业相关研究内容逐渐向全面化发展。

一是概念及内涵解读方面。众多学者认为体育强国是一个动态的、随社会环境变化的概念，在不同历史阶段体育事业分别承担着不同的历史使命。自中国共产党成立以来，根据国家和社会发展的需要，体育事业分别经历了"体育救国""体育兴国""体育强国"的历史使命变迁，对体育强国要素的认识也由单一发展竞技体育向大众体育、体育产业、体育文化和学校体育等多要素全面均衡发展转变。

二是竞技体育方面。竞技体育是体育强国最明显的标志之一，对国家其他体育事业具有引领作用。对我国竞技体育发展史进行回顾，我国在"举国体制"的引领下优先发展竞技体育，自20世纪80年代以来我国竞技体育事业快速发展，当前我国已是当之无愧的竞技体育强国。新时代的我们应继续扩大竞技体育优势，但随着环境的变化，我国竞技体育发展面临着后备人才萎缩、项目发展潜力出现瓶颈、运动员学训矛盾、运动员退役就业等一系列问题，这些问题并不单单局限在竞技体育领域，问题的原因涉及学校、社会、文化等多方面，应站在更加宏观的视角，厘清竞技体育和其他体育事业之间的联系，跳出体育看体育，只有这样才能确保竞技体育获得高质量可持续发展，继续为体育强国建设提供助力，做好各项体育事业的引领作用。

三是群众体育方面。群众体育作为国家建设的基础性工程，对满足人民群众日益增长的美好生活需要以及实现国家富强、民族振兴至关重要，并且群众体育事业在为竞技体育和学校体育营造良好运动氛围方面发挥着重要作用。群众体育是体育强国建设的基础这一观点，已得到众多学者的认可，当前我国群众体育存在城乡间发展不平衡、区域间发展不平衡等问题。群众体育事业发展薄弱，目前已成为制约体育强国建设的瓶颈问题。当前研究大多集中在现状对策方面，针对群众体育事业存在的问题制定相应的对策，对于我国群众体育事业的发展具有重要参考价值。

四是学校体育方面。学校体育是体育强国建设的根基，面对我国青少年体质下降的问题，如何改革学校体育教学，帮助学生培养兴趣、增强体质、健全人格、锤炼意志成为当前学校体育改革的热点话题。另外，如何平衡学校体育与教育的关系，解决运动员的学训矛盾，把竞技体育后备人才培养工作融合进学校体育，活跃学校体育文化氛围的同时，为竞技体育提供更为广泛的后备人才基础，做好体教融合工作也是当前研究的热点。

五是体育产业方面。加快推动体育消费，助力体育产业发展，使体育产业成为促进经济增长的新动力，为现代化经济发展带来新活力。要大力发展体育服务、产品制造、场馆建设经营等产业，搭建体育产业板块投资融资平台，引导社会资本有序流入，解决体育产业发展融资困难的窘境。要加强体育产业市场管理，将政府引导和市场调控有机结合起来，促进我国体育产业市场繁荣发展。

六是体育文化方面。众多学者认为，体育文化是我国体育事业发展的灵魂，是体育强国建设的精神内核，在我国各项体育事业推进的过程中应将体育文化融合其中，确保各项事业得到高质量发展。

全民健康是社会主义现代化的重要标志。从体育强国到健康中国，人民的健康、人民的体质、人民的幸福，都是一脉相承的。这是全面小康、全面现代化的题中之义。它的意义，小中见大。党的十八大以来，以习近平同志为核心的党中央高度关心和重视体育事业，把人民摆在至高无上的位置，始终从人民群众对美好生活向往的高度引领体育事业健康有序地发展。"健康第一"的思想激起全民健身的热潮，气排球运动以其独特的运动价值得到社会大众的广泛关注，全面得到普及发展。气排球是排球运动的其他运动形式，气排球运动的发展对推进健康中国、传承中国"女排精神"、培养中华体育文化、打造"中国创造"运动品牌、促进体育产业发展意义重大。

一是推进健康中国建设，助力体育强国建设战略发展。党的十九届五中全会提出，到2035年建成健康中国、体育强国。全民健身是新时代体育事业发展的重要基础和有力抓手。实现全民健康，是实现伟大"中国梦"的重要标志之一，要实现全民健康就必须促进全民健身运动向生活化、便捷化、普及化发展。全民健身是实现全民健康的重要途径和手段。气排球运动从群众中来，到群众中去，气排球运动的普及发展和竞技水平的日益提高，也正带动着气排球运动朝着全民休闲健身、娱乐竞技和校园体育的方向发展。特别是在2017年，气排球运动正式成为第十三届全国运动会群体体育比赛项目，践行"全运惠民，健康中国"的办赛理念，再到第十四届全运动会的"全民全运，同心同行"口号，反映着中国从体育大国迈向体育强国的步伐越来越快。2019年，教育部学生体育协会在杭州市举办第一届全国高校大学生气排球锦标赛，开始将气排球列入中国大学生正式赛事，落实着立德树人的根本任务与"健康第一"的教育理念，实现着学生在体育锻炼中享受乐趣、增强体质、健全人格、锤炼意志的目标。体育强国的基础在于群众体育。从气排球被设立为全运会群众体育比赛项目到全国大学生正式赛事,气排球运动已形成政府主导、多部门协同、全社会参与、全民共建共享的普及发展格局,气排球运动的发展必然激发全民健身活力。如今,群众参与气排球运动健身意愿不断增强,人们从气排球运动中收获了健康和快乐,在满足人民群众对美好生活向往、促进人的全面发展方面扮演着越来越重要的角色。

二是传承中国"女排精神",弘扬中华体育精神,培育中华体育文化。体育可以强壮一国之民,可以提振国民之精气神,可以强化国民之文化自觉。2020年9月22日,习近平总书记在教育文化卫生体育领域专家代表座谈会上讲话时,强调要"弘扬中华体育精神,弘扬体育道德风尚",同时又指出:"发展体育事业不仅是实现中国梦的重要内容,还能为中华民族伟大复兴提供凝心聚气的强大精神力量。"2019年9月30日,习近平总书记在会见中国女排代表讲话时,指出:"广大人民群众对中国女排的喜爱,不仅是因为你们夺得了冠军,更重要的是你们在赛场上展现了祖国至上、团结协作、顽强拼搏、永不言败的精神面貌。女排精神代表着一个时代的精神,喊出了为中华崛起而拼搏的时代最强音。"大力发展气排球运动,可进一步传播和推广全民健身发展过程中的中国理念,发出中国声音,弘扬"女排精神"等中华体育精神。体育是德育的重要载体。德育塑造的是心灵,体育锻炼的是身体,两者具有内在关联性,是全面育人不可或缺的两大方面。通过强身健体为德育的开展奠定生理和心理基础,体育精神是德育的重要内容,气排球思政课教育教学已成为学校担负培育和弘扬中华体育精神的重要任务。

2020年9月22日,习近平总书记在教育文化卫生体育领域专家代表座谈会上讲话时,强调指出:"广大体育工作者在长期实践中总结出的以'为国争光、无私奉献、科学求实、遵纪守法、团结协作、顽强拼搏'为主要内容的中华体育精神来之不易,弥足珍贵,要继承创新、发扬光大。"实现体育强国目标,要把弘扬中华体育精神同坚定文化自信结合起来。中华体育精神是中华体育文化的精神内涵,中华体育文化是中华体育精神的历史积淀。气排球运动作为排球运动的其他发展形式,其项目发展是排球文化内涵的充分展示,是我国体育文化和女排精神继承与发展的完美诠释。人们在参加气排球活动中可以进行情感交流，加强锻炼，团结合作。在放松身心的同时，获得最佳的生活状态，形成和谐的球场文化。团结与竞争都是体育文化的精髓，无论是在体育运动的过程中，还是在人际交往中，都要体现"以和为贵，团结为本"的精神，同时又要敢于竞争，积极竞争，气排球运动很好地融合了团结意识与竞争意识，可以激发人们勇于创新进取、努力拼搏、积极向上的竞争精神，培养人们的集体荣誉感、责任感和公平意识。全民健身和终身体育观念促进了气排球运动的普及发展和文化价值的形成，以其独特的形式吸引着不同的人群，逐渐传播到各个领域，已成为社会文化的重要组成部分，其中蕴含着合作、竞争与拼搏等社会文化的因素。气排球运动作为映射着人类智慧的一种实践运动，它所产生的思想观念、知识体系以及它所形成的技战术规则、方法手段、记录宣传等文化传承，已经对我们的生活产生了影响，并逐渐形成一种文化现象，这些文化是体育文化乃至整个人类文化的一部分，是人们在气排球运动历史延续中所创造的。气排球运动扎根于健康、快乐、积极向上的群众体育，蕴含着爱国奉献、自强不息的体育文化，反映了体育事业发展中的国家价值目标、社会价值取向和公民价值准则，培养人的高尚道德情操和文明综合素养，丰富人民精神文化生活，激励各族人民弘扬追求卓越、突破自我的精神，实现依法治体和以德治体的有机结合，气排球运动的发展有助于践行社会主义核心价值观，有助于推动体育强国建设。

三是大力发展气排球运动，打造"中国创造"特色体育项目。对于一个国家来说，创造就是特色，是民族的灵魂及民族精神的特殊表现，富有创造性的国家才能引领世界。气排球运动是"中国创造"的一项大众性健身娱乐项目，是"中国特色体育"背景下人民群众聪明智慧的产物，其项目自身就是"创新发展"的典范，它不仅竞技健身性强而且娱乐观赏性高，以其独特的魅力获得了国际奥林匹克委员会终身荣誉主席萨马兰奇先生的称赞。因此，发展中国特色体育项目，进一步展现"中国创造"的魅力，我们有理由大力发展气排球运动，让"中国特色体育"项目走出国门，在世界舞台上绽放光彩。

四是推动体育产业发展，培养经济发展新动能。从国家经济发展的态势来看，我国经济的发展呈现阶段性特征，目前已进入追求生活高质量、更舒适以及更健康的发展阶段。人们富足的收入以及健康的生活理念和体育消费观念的提高，促进体育消费的扩大，从而带动了体育产业的发展，尤其在国家提出新旧动能转换的关键时期，体育产业带来的经济增长所占比重的逐步提升，逐渐成为我国经济发展的中流砥柱。全球经济发展规律表明，体育产业成为国民经济的支柱性产业是世界体育强国的标志性特征，也是国际体育产业发展的基本趋势。体育产业成为助力经济增长、推动产业结构转型、拉动就业消费的重要引擎。气排球运动具有竞技体育运动和健身休闲运动两重产业属性，积极发展气排球运动，根据其基本属性，培育多元化的体育精神产品和物质产品来满足民众多样化的需求。组织气排球竞赛场次的增多、规模的扩大、受社会各界的关注度提高，均有利于体育产业经济效益推动竞技体育运动相关产业发展；气排球还以其特有的健身性和娱乐性以及创造商业利润的功能，促进健身休闲运动相关产业发展。

上篇　理论部分

第一章　体育强国建设研究

"体育强国"建设是新时代建设社会主义现代化国家的重要组成部分,自党的十九大会议上正式提出以后,便成为学术界研究的热点话题。运用文献资料、逻辑分析等方法对体育强国相关研究进行梳理,我们发现:体育强国作为一种精神状态最早起源于中国近代,随着社会环境的变化,体育事业在不同历史阶段分别承担着不同的历史使命。中国共产党建立以来,我国体育事业先后经历了"体育救国""体育兴国"再到"体育强国"的历史变迁。从研究内容来看,不同历史时期研究热点各有不同,自改革开放以来,体育强国视域下的体育事业相关研究逐渐由单一化向多元化转变,这与我国经济的发展和人民对体育的认识逐渐全面化密切相关。整体来看,体育强国相关理论研究较为丰富,研究领域较为广泛。但实证研究较为薄弱,各领域评价体系和评价标准相关研究缺乏,对问题研究的深度有待进一步加强。今后的研究应从加强定量研究、注重实证研究、增强研究深度这三个方向寻找新的研究视角与思路。

"体育强则中国强,国运兴则体育兴",体育是国家综合实力的重要体现,不仅肩负国家富强的历史重任,更承载着民族振兴的伟大梦想。国家历来重视体育事业的发展,建党百年来,我党结合不同历史时期的特定背景,围绕"体育"这一主题分别进行了"体育救国""体育强体"和"体育大国"建设等工作的推进。

进入新时代,我国成功实现了第一个建党百年奋斗目标全面建成小康社会,正式开启了全面建成社会主义现代化国家的新征程。体育作为提高国民素质,展示国民精神面貌的重要手段，自然应担负起新时代国家赋予体育的重要责任与义务。国内众多专家学者针对这一历史命题，进行了大量的研究并取得了丰硕的成果。

一、体育强国研究现状概括及研究热点梳理

（一）体育强国研究现状概括

在知网以"体育强国"为主题，共检索到相关文献4209条，梳理文献后发现其中有大量相关度较差的文献。为提升研究的精确度，将体育强国作为篇名进行检索，共检索到目标文献1020篇，其中核心期刊和CSSCI期刊320篇，文献计量可视化分布情况如图1-1~图1-5所示。

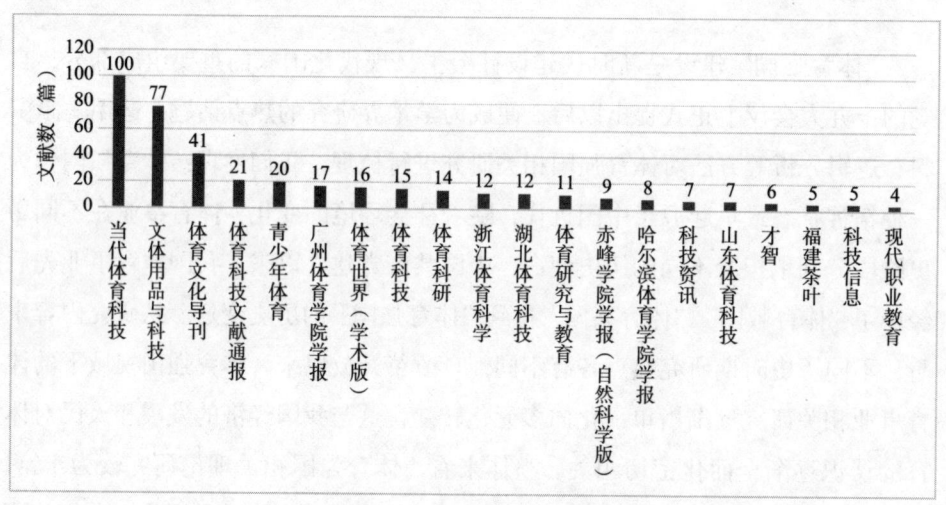

图1-1 文献来源分布情况

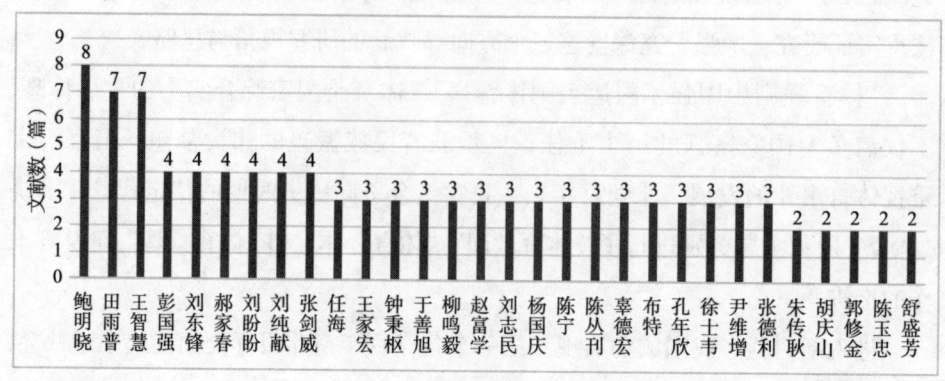

图1-2 文献作者分布

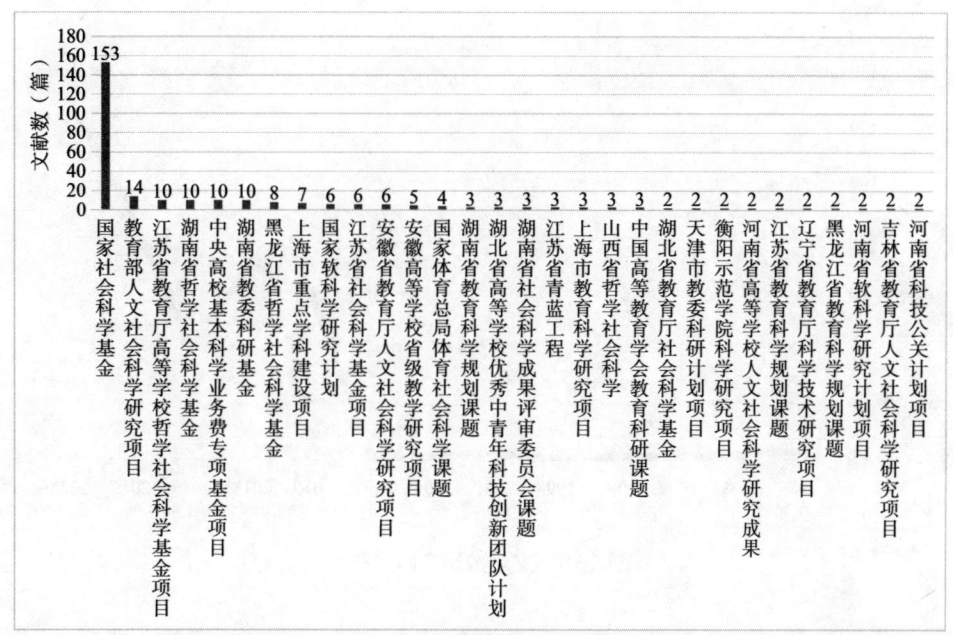

图 1-3 文献基金分布

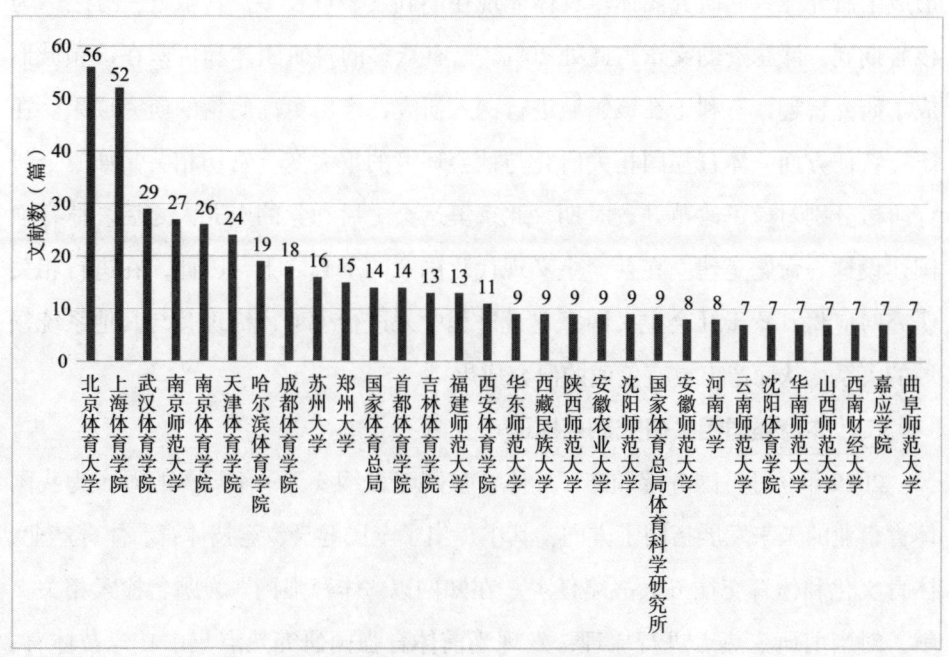

图 1-4 作者机构分布

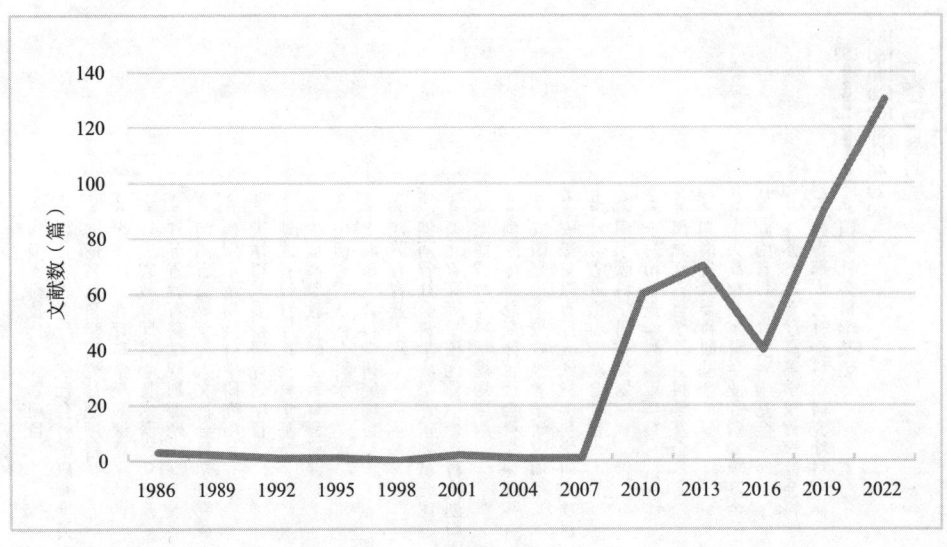

图 1-5　文献数量年限分布图

基于以上分析可知，当前我国在体育强国研究方面已具有一定规模，初步形成了研究体系和研究团体。具体体现在期刊发表量较多，其中近三分之一为核心期刊，课题资助文章占此处 20%，已有众多的科研团体和机构在该领域形成了研究旨趣，有利于在该领域进行深入研究，产出更高质量的研究成果。在研究特征方面，体育强国相关研究与社会环境的重大变革密切相关，如三个研究阶段分别对应了改革开放时期、北京奥运会之后和党的十九大之后。体育强国建设这一命题是建立在社会主义现代化国家的基础之上，因此，在进行相关研究时应将其置于社会主义国家建设进程中来进行思考，梳理其与其他系统领域的关系，从而产出更有价值的研究成果。

(二) 体育强国相关研究热点梳理

2019 年 9 月，国务院颁布了《体育强国建设纲要》。《纲要》的颁布为我国体育事业的未来发展指明了方向，其中提出了全民健身、竞技体育、体育产业、体育文化和体育交往五大战略任务。在知网以"体育强国"为题名检索相关文献，对当前研究热点进行梳理，发现当前体育强国研究热点集中在竞技体育、体育大国、体育强国建设、群众体育和全民健身等方面 (图 1-6)。

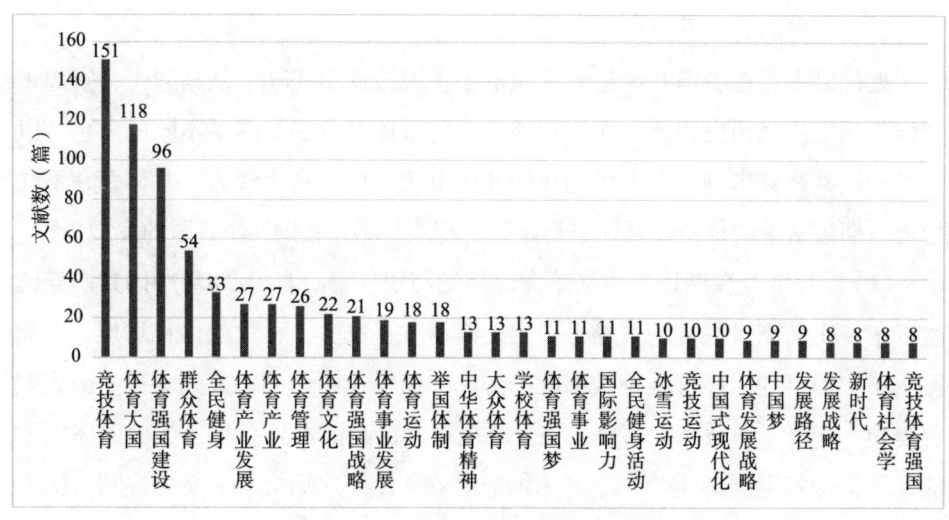

图 1-6 体育强国研究热点分布图

二、体育强国文献研究内容梳理

(一) 体育强国的缘起、发展历程及内涵解读

1. 体育强国的缘起

体育事业可以从侧面展示国家的精神和文化建设情况，我们要大力发展体育事业并以此来展现我国的综合实力。"体育强国"这一提法虽然是新中国成立后我国为实现体育事业奋斗目标而形成的一种概念，但追根溯源作为一种理念，其早在中国近代已有萌芽产生，中国近代著名思想家、政治家、教育家梁启超先生曾强调"今欲强一己，强国家，均当持一锻炼身体主义"。由此可见，早在近代，一些先进知识分子已经深刻认识到体育锻炼的重要性并将体育锻炼与强种强国联系在了一起，将体育上升到了促进国家繁荣富强的高度了。有学者指出，体育强国理念提出的起点应源于中国近代救亡图存的历史背景，旨在完成民族伟大复兴的历史使命。毛泽东同志在《体育之研究》一文中指出："国力荼弱，武风不振，民族之体质，日趋轻细。此甚可忧之现象也。"同时提出，体育的功能不仅在于增强体质，更在于救国强民。

2. 体育强国的发展历程

近代以来，在中国共产党的带领下中华民族逐步实现了从站起来、富起来到强起来的重大历史飞跃。在不同的历史阶段体育分别扮演了不同的角色，以下以中国共产党带领中国人民完成的几次重大历史革命为线索，对体育在不同历史时期被赋予的价值和功能进行梳理，探索"体育强国"在我国的发展历程。

(1) 体育事业在新民主主义革命时期的历史使命。自1921年中国共产党诞生以来，在马克思主义的引导下中国逐渐树立了民主、科学的体育思想，由此诞生了中国早期的体育强种救国的思想。中国民主革命的伟大先驱孙中山先生曾提出"体育强种救国，富民自卫"的主张，认为国民只有具备强健的体魄才能，承担保家卫国的重担。毛泽东同志曾在《体育之研究》一文中提到，体育的功效往小了说可以强健体魄，往大了说可以保家卫国。在革命年代，中国革命党人多方宣传体育事业，将体育事业的发展与"救国"事业相联系，也为后期体育强国思想的演进奠定了理论基础。

(2) 体育事业在社会主义革命时期担任的角色。新中国成立后我国拉开了社会主义革命的帷幕，刚经历了战乱的洗礼，中国迫切需要重振山河，因此将经济建设作为当时中国的主要任务之一。经济建设需要大规模的生产力，并且需要良好体质的国民。但刚经历过战乱的洗礼，国民面临严峻的体质健康问题，难以满足新中国建设的需要，因此，体育在新中国成立初期担任了提升国民体质，培养合格社会主义建设者和接班人的重任。1952年周恩来总理在国务院会议上提出："当前我们的主要任务是加强国防、提高生产力，这两个方面都需要健康的身体素质，参加体育锻炼不仅仅是促进身体健康，其中更包含了增强国防实力、建设社会主义国家等含义，加强体育工作是一份重要的政治任务。"伴随着国内经济环境的好转，我国体育事业的发展也逐渐由增强人民体质向提升竞技体育综合实力转变。1959年周恩来总理在人大《政府工作报告》中指出："我国体育事业应坚持普及与提高相结合的发展方针，在广泛开展群众体育的基础上，逐步提升竞技体育综合实力，积极参加国际赛事，达到振奋民族精神、展示国家综合实力的目的。"

(3) 改革开放以来体育担任的角色。1978年我国实施了对内改革、对外开放的政策，改革开放的实施加快了体育事业发展的脚步。1979年全国体育工作会议上提出了我国体育事业应在普及与提高相结合的情况下，注重抓提高。在这一理念引领下群众体育资源逐渐得到有效合理配置，"全国一盘棋、组织一条龙、训练一贯制"的举国体制竞技体育发展模式逐渐确立。在党的领导下和正确政策的引导下，我国在群众体育发展方面取得众多优异成绩，20世纪80年代末经常参加体育锻炼的人群逐步增加，4.6亿青少年达到国家体质健康标准，群众体育事业呈现良好发展局面。在竞技体育方面也取得优异成绩，如1981—1986年中国女排获得五连冠，我国运动员在历届奥运会上由逐渐崭露头角，到举办北京奥运会，再到奥运金牌榜名列前茅，逐步奠定了我国竞技体育在世界体坛的地位，振奋国人精神的同时也向世界展示了国家富强繁荣的形象。这些成绩也证实了改革开放以来我国发展竞技体育的政策措施是符合当时国情的，同时也为我国由体育大国向体育强国迈进奠定了基础。

(4) 新时代体育事业的责任与担当。党的十八大以来，在习近平总书记领导下，中国特色社会主义建设进入了新阶段，新时代我国体育事业发展也被赋予了新的内涵。党和国家从促进国民健康的角度出发，将全民健身上升到国家战略规划层面，2016年国务院颁布了《健康中国2030规划纲要》，对全民健身、公共服务体系建设以及国民的全面发展做出重要部署。2019年又颁布了《体育强国建设规划纲要》，其中明确了体育事业发展对于国家健康可持续发展的重大意义。

习近平总书记在党的十九大会议上指出："这个新时代，是承前启后、继往开来、在新的历史条件下继续夺取新时代中国特色社会主义伟大胜利的时代，是决胜全面建成小康社会、进而全面建设社会主义现代化强国的时代……是全体中华儿女勠力同心、奋力实现中华民族伟大复兴中国梦的时代。"体育强国梦是中国梦的重要组成部分，同时也对中国梦的实现有重要的推动意义，新时代体育强国建设早已和中华民族伟大复兴紧密相连。新时代体育事业正逐渐担负起促进经济增长的重担，竞技体育也由金牌至上目标向综合实力体现的目标转变，中华体育精神的弘扬和传承为我国的发展不断注入新的活力。由此可见，新时代我国体育事业担负着促进经济增长、增强国民幸福指数、展示中国形象、促进民族文化繁荣、增强民族文化自信的重任，相信我国伴随着体育强国建设的不断推进必将走向更加美好辉煌的未来。

(二) 体育强国视域下竞技体育相关研究现状综述

竞技体育发展水平是一个国家综合实力的重要体现,对大众体育以及学校体育的发展有重要引领作用,因此,竞技体育是体育强国评判的重要因素之一。1988年全国体育发展研讨会上提出:"竞技体育发展水平是评判一个国家是不是体育强国的最鲜明标志。"

田麦久(2008)指出,从近几届奥运会上我国获得的成绩来看,自2000年悉尼奥运会起我国已经踏入竞技体育强国的行列了,未来我国竞技体育事业的发展应进一步优化发展策略,在保证传统优势项目的基础上,努力开发潜在优势项目,提高薄弱项目的竞技实力,建设多项目全面发展的竞技体育强国。春潮、贾爱萍(2011)在《制约我国成为竞技体育强国的瓶颈问题》一文中指出:"当前我国发展竞技体育的价值追寻、竞技体育项目布局、运动训练理论、科技支撑、人才培养和体育产业市场是制约我国竞技体育事业发展和体育强国建设的瓶颈问题。"樊花梅(2010)在《"体育强国"视域下我国竞技体育人才培养制度的研究》一文中指出:"在体育强国背景下竞技体育后备人才培养的学训问题以及运动员退役后的就业安置问题是当前影响竞技体育事业发展的重要瓶颈问题。应进一步强化基层单位选材工作,深化体教结合解决运动员的学训矛盾,完善竞赛体系,消解家长和学生的顾虑,只有这样才能保证我国竞技体育事业的健康可持续发展。"尹维增等(2015)在《体育强国梦构建背景下我国竞技体育发展方式转变研究》一文中指出:当前我国竞技体育在发展方式上仍存在过度依赖政府、创新发展不够、项目布局不够合理、后备人才培养体系不健全、训练科学化和管理水平有待进一步加强以及职业体育程度化不高等问题。应转变竞技体育发展理念由赶超型向可持续型发展,加强竞技体育和学校体育以及大众体育之间的联系,充分发挥竞技体育的辐射功能,以竞促群,以群促竞,激发竞技体育的发展活力。卢文云(2020)在《迈向体育强国——我国竞技体育发展面临的问题与对策》一文中指出:当前我国竞技体育发展存在服务于国家发展大局不充分、竞技成绩下降、后备人才培养规模萎缩、创新发展不够、项目结构不合理等问题。建议我国竞技体育应充分发挥其对学校体育、社会体育、体育产业的助推作用;构建与现代社会相适应的管理体制和运行机制;改革竞技体育后备人才的培养工作,筑牢后备人才基础;全面优化改革竞技体育竞赛体质；弘扬竞技体育文化精神。

综上所述，众多学者都认为竞技体育是评判体育强国最为明显的标志。自新中国成立以来，我国竞技体育取得优异成绩，对向外界展示我国形象发挥了重要作用。在竞技体育方面的研究主要集中在人才培养、发展方式、管理体制、运行机制方面，普遍认为当前我国竞技体育发展方式已不适合当代社会发展的需要，应积极转变发展模式，筑牢后备人才基础、深化推进体教融合、改变政府单一投入的竞技体育发展模式、优化竞技项目布局等对策，对我国竞技体育事业的发展具有较好的借鉴作用。

(三) 体育强国视域下群众体育事业发展研究综述

体育强国建设的根本任务是通过体育运动提升全体国民的身体素质和生活品质，从而满足人民日益增长的对美好生活向往的需求。因此，大众体育是体育强国建设的基础。冯卫（2009）在《从竞技体育大国向体育强国演变的思考》一文中指出，连续几届奥运会上中国奥运健儿披荆斩棘取得丰硕成果，可以明确我国已是当之无愧的体育大国，但体育大国并不等于体育强国，人民大众的体质健康状况令人担忧。近年来我国体育事业发展虽然一直强调要秉持"全民健身"和"奥运争光"两条主线，但是在实际工作推动过程中"重竞技、轻大众"的情况仍长久存在，造成了当下我国体育事业发展极不平衡的现象。针对这些情况，我国应从制定群众体育相关法规以及运行机制、建立全民健身预警机制保证弱势群体参与体育运动的权利。刘梅英、田雨普（2009）在《体育强国背景下我国群众体育事业发展的困境和突破》一文中提到："从我国所获得的竞技体育成绩来看，当前我国已迈入体育大国的行列，但从竞技体育可持续发展的角度出发，我们迫切需要发展大众体育。当前我国大众体育面临大众体育与竞技体育发展不协调、区域发展不平衡、大众体育公共服务供给不足难以满足群众参与体育锻炼的需求等问题。应从增加政府资金投入、提升社会资金参与积极性、提升体育设施资源利用率以及重视传统体育文化的传承与发展角度出发来加快群众体育事业的发展，助力体育强国建设。"刘小俊（2010）在《体育强国视域下我国群众体育的发展》一文中指出："当前我国由于竞技体育优先发展、城乡二元结构、区域经济水平发展不平衡等原因导致群众体育事业整体发展水平不高、城乡差异加大、区域发展不平衡、青少年体质下降等问题，群众体育事业已成为体育强国建设的瓶颈。针对这一问题应从转变体育事业发展战略、完善大众体育公共服务体系、引导社会力量参与大众体育服务、加强学校体育工作以及群众体育科研入手来推进大众体育工作的开展，破解体育强国建设的瓶颈。"张永保、沈克印（2010）在《体育强国目标下发展群众体育的路径探讨》一文中指出："改革开放以来，我国在竞技体育、大众体育、体育产业方面均取得一定成绩，但与竞技体育相比，我国大众体育发展相对滞后，应以科学发展观为指导思想，以共享科研成果为目标，强化政府职能，解决区域间资源配置不均衡的问题，努力补齐大众体育发展滞后的短板。"李静（2012）在《试论群众体育发展对体育强国建设的影响》一文中指出："大众体育发展水平是关系到国民身体素质和生活质量的关键因素，是衡量体育强国建设的重要指标之一。一个国家想迈入体育强国的行列单有竞技体育是远远不够的，还要有全民身体素质的提高和深厚的体育文化氛围，因此，群众体育是体育强国建设的基石，国家政府应加大对基层体育组织的投入和支持，推动农村体育的发展，强化体育相关部门的责任和服务意识。"王智慧、丁学龙等（2012）在《群众体育发展对体育强国建设影响的研究》一文中指出："群众体育对体育强国建设的直接影响为提升国民的体育参与度、扩大体育人口、营造活跃的体育氛围等，间接影响为提升体育的普及程度，为竞技体育的可持续发展奠定基础，提升国民的体育鉴赏能力和水平。"纪惠芬（2019）在《从十九大报告解读群众体育国策和体育强国内涵》一文中指出："以人民为中心是新时代体育强国建设工作推进的基础，大力发展体育事业不仅可以为体育产业发展提供生存空间，更可以为竞技体育的发展营造良好的运动氛围，彰显一个国家的体育文化内涵，因此，推进体育强国建设应首先发展大众体育。"

综上所述，体育强国视域下群众体育发展相关研究较多，主要是因为我国群众体育发展较为薄弱，众多学者已认识到群众体育工作已成为体育强国建设的重要瓶颈，因此涌现出大量与群众体育相关的研究。从研究的主要内容来看，大多研究为现状与对策研究，研究内容较为接近，且大多停留在宏观对策方面，微观行动策略方面的研究较少。

（四）体育强国视域下学校体育研究现状综述

学校体育是体育强国建设的重要根基，面对当前我国青少年体质健康状况不断下降的现状，体育强国建设的重要任务之一就是提高中国儿童青少年的体质健康水平。刘红梅、裴海泓（2010）在《中国成为体育强国的梦想与现实——对中国学校体育的思考》一文中指出："'少年强则国强'，青少年是国家的未来、民族的希望，面对当前青少年体质健康状况持续下降的现状，加快推进体育强国建设就迫切需要增强青少年的体质，为现代化国家建设培养具有较好身体素质的后备人才。笔者认为，加强学校体育工作首先应从思想启蒙开始，组织相关专家团队根据各年龄阶段学生的身心特点，编订试用于青少年、教师和家长的运动计划指南。其次，加强校内外体育课程的衔接，保证学生可以每天锻炼1小时，切实提升学生的身体素质。"平杰（2011）认为青少年体育是我国建设体育强国的重要支撑，同时也是为现代化国家建设培养优质人才资源的重要保障，但是当前我国学校体育发展存在定位不清晰，责任缺乏，以及社会舆论不向好等问题，应着力构建科学的教育观、人才观，帮助学生、家长、社会以及学校树立正确的体育观，切实强化学校体育工作。党挺（2011）在《体育强国进程中我国学校体育的困境与发展》一文中指出："青少年体育是推进素质教育的首要环节，是竞技体育和大众体育的基础，关系到国家和民族未来的发展。但现实情况是我国竞技体育后备人才缺乏，青少年体质下降，也从侧面说明了我国学校体育并未能充分发挥其功能。分析发现，我国学校体育存在学科边缘化、场地器材以及资金缺乏、师资缺乏和课程改革紧迫等问题。应从明确体育课程改革目标、加强教师团队建设、丰富学校体育教学物质保障以及重视对学生的心理健康教育等方面入手，优化学校体育教学质量，帮助广大学生养成参加体育锻炼的习惯，为体育强国建设筑牢人才基础。"梁平安（2012）在《体育强国建设进程中学校体育发展的思考》一文中指出："当前我国学校体育面临学科地位不受重视、经费投入不足以及教育部门和体育部门之间协调管理机制不健全等问题，应从转变教育理念，确保学生得到全面发展；增加经费投入，优化学校场地设施水平和师资条件；构建教育部门与体育部门协调融合的管理运行体系，加强学校体育教学工作，助力体育强国建设。"梁大宇、关朝晖等（2013）认为学校体育在推动竞技体育发展、带动群众体育事业发展、促进体育文化繁荣以及体育事业全盘协调发展方面具有基础性作用，应积极解放思想、改变体育教学方式、培养优质体育教师资源、活跃校园体育文化，助力体育事业全盘协调发展。董翠香等（2011）在《体育强国视域下中国学校体育发展方式探究》一文中指出："当前在我国由体育大国向体育强国转变的进程中，学校应秉持开放性办学思路，倡导对学生终生体育思想的培养，采用政府与社会协同管理的模式，构建政府、学校、社会为一体协同推进的青少年体育锻炼推进机制。"

综上所述，体育强国视域下学校体育相关研究比较丰富，主要是因为学者们普遍意识到学校体育是竞技体育和大众体育的基石，更是体育强国建设的重要一环。面对当前学生体质健康下降的问题，众多学者从培养理念、学科定位、体育教学改革、教学过程实施等方面提出了众多有价值的研究，但同样存在微观层面具体落地实施方面研究较为匮乏的问题。

（五）体育强国视域下体育产业发展研究现状综述

体育产业发展水平是国家体育氛围的重要体现，也是体育强国建设的重要评判标准之一。王子朴、朱亚成（2018）在《新时代中国体育强国建设中的体育产业发展逻辑》一文中指出："体育产业的发展是加快体育强国建设、助力经济高质量发展、满足人民对美好生活向往的重要举措。新时代我们要把握体育强国建设历史机遇，明确体育产业发展目标以及体育产业在体育强国建设过程中的地位及作用；做好体育产业发展顶层设计，加强理论研究；构建体育产业管理体制和运行机制，加强对体育产业的监管，营造良好的产业发展环境。"缪伟舰等（2010）在《迈进体育强国体育产业资本市场创新体系发展战略》一文中指出，发展体育产业是体育强国建设的基础，当前各级政府迫切需要大力开发体育资本市场，扩大体育产业资源，以此来满足投资者以及国民多样的体育服务需求。应把握国家体育强国建设战略机遇期，建立多层次的体育产业资本体系，构建多元化体育产业资本融资模式和多层次体育产业资本管理模式，促进体育产业繁荣发展的同时将体育产业作为带动经济发展的新增长点，为实现社会主义现代化国家建设和体育强国建设提供助力。杨强（2010）对国务院颁布的《关于加快发展体育产业的指导意见》进行解读，认为该政策在打破体制壁垒、破除赛事垄断、解决行业非标准化、解决融资障碍以及培育体育企业品牌方面具有重要意义。同时我国在产业定位、目标、融合、人才培养、基地建设以及政策执行方面还存在一定不足，针对以上不足很多学者提出相应的解决对策，为体育产业快速高质量发展提供了理论借鉴，对充分发挥体育产业在体育强国建设进程中的作用具有重要价值。王辉（2011）认为体育产业向资本化发展是体育强国建设进程中体育产业资本市场体系构建的基础，应搭建体育产业资本投资以及融资平台，完善体育产业资本市场法治体系建设，借助知名品牌赛事影响力推动体育企业和知名俱乐部融资发展，以活跃体育产业资本市场，为体育产业繁荣发展营造活跃的市场氛围。袁建国、布特等（2016）运用文献资料、专家访谈等方法构建体育产业发展水平指标体系，包括发展规模、国际竞争力、发展水平、体育消费4个一级指标和10个二级指标，在确定目标体系权重的基础上制定了体育强国建设过程中各目标体系所应达到的具体标准，为体育产业的发展制定客观评价标准，也为体育产业的未来发展指明了方向。吴学峰（2018）以新时代体育强国建设政策目标以及居民日益增长的多元化体育消费需求为导向，指出推动体育产业融合发展是现代产业发展的趋势，并提出了可以从技术、功能复合和资源整合这三个方面推进体育产业的融合发展。张玲玲、程琳琳（2019）以《纲要》要求为依据，分阶段梳理出我国体育产业成长为国家支柱性产业所应达到的目标。认为当前我国体育产业投资量还需要进一步加大；居民体育消费意识还有待进一步加强；体育产品进出口贸易还有待进一步加强。建议首先应以"供给侧结构性改革"为抓手提升体育产品供给质量；以信息化为手段提升体育产业发展质量；做好体育产业发展相关政策保障工作。王凯（2019）认为体育强国应以体育强省为基础，并以江苏省为例，对江苏省的体育产业发展现状及特点进行分析，提出未来江苏省体育产业发展规划，明确体育产业发展定位，确立体育产业发展目标，构建体育产业全产业链，夯实体育产业消费地基，扩大体育产业人才培养质量和规模，引进优秀体育人才，助力江苏省体育产业发展，对其他省市发展体育产业具有较好的借鉴意义。鲜一、程林林（2020）从体育产业链的角度出发，认为实现体育产业高质量发展应提升体育产品的供给多元化水平，深化体育产业分工体系，提升各分工环节的紧密衔接，构建开放性的体育产业发展模式。以此来满足社会大众多元化的体育服务需求，提升体育产业生产效率，优化产业结构，助力体育产业与其他行业融合发展。任波、黄海燕（2022）从体育产业的发展目标和战略任务入手，对当前我国体育产业发展现状进行梳理，发现当前我国体育产业发展仍存在对经济发展贡献不足、相关政策不够完善、产业体系不健全、体育产业市场活力不够、产业规模较小、消费能力不高等问题。针对这些问题，作者分别从政策、产业、市场、社会、要素以及消费层面提出相应的优化策略。

综上所述，体育强国视域下体育产业相关研究主要集中在体育产业现状、产业链发展、市场体系建设方面，当然同样存在宏观研究较多、微观实践层面研究较少的问题。

（六）体育强国视域下体育文化相关研究现状综述

体育文化是指人类在历史发展进程中，在体育方面创造的物质以及精神方面的总和，具有社交、教育、激励等重要功能。同时体育文化也是中华文明的重要组成部分之一，弘扬传承体育文化具有增强民族自信、振奋民族精神等重要意义。崔乐泉（2009）认为体育强国建设进程中必须以深厚的体育文化作为积淀。2011年时任国家体育部副部长的冯建中在全国体育工作会议上指出，体育文化是体育强国建设的重要组成部分，文化是国家政治、经济以及社会的反映。多年来我国在体育文化方面重视程度不够，随着人民对美好生活日益向往、体育需求日益提高的当下我们要提高对体育文化的重视，将体育文化建设提上工作日程，加强相关部门机构组建、举办相关活动展览、建立体育文化基地、夯实文化出版质量，以充足的资金和有效的政策文件落实好体育文化建设工作。刘纯献、刘盼盼等（2013）学者运用文献资料等方法，分析了体育文化建设对我国建设体育强国的作用，认为体育文化具有民族、时代、继承和差异性等特点，提升民族文化自信、自强、自觉是实现体育强国建设的必由之路。新时代体育文化建设既要高度自觉又要勇于担当，既要理性审思又要博采众长，要把握正确的发展方向，探寻正确的实现路径。

黄迎乒、孙文平（2011）在《体育文化对体育强国建设助推作用研究》一文中提到，体育文化作为体育强国建设的重要内容之一，对竞技体育、大众体育以及学校体育等领域具有不可替代的助推作用。体育文化的发展应注重民族性、时代性、社会性和差异性，促进体育文化繁荣发展，推动体育强国建设。王智慧（2011）以国际关系综合实力为依据对体育软实力体育文化的构成维度进行分析，认为体育文化软实力应包含凝聚力、吸引力、创新力、融合力和影响力这5个要素。并针对这5个要素提出加强国内国际交流、发展体育文化生产力、构建健全均等的体育公共服务体系，不断提升体育文化的综合实力。种莉莉、孙晋海（2011）从传播学视角对我国体育文化的传播情况进行分析，发现在体育文化传播方面存在管理运作有待加强、理论研究匮乏、国际环境把握不够等问题，应加强对国际传播环境的分析，把握体育文化传播规律；加强体育文化的建设工作；借鉴国外经验对我国文化传播工作进行整体设计；加大对专业传播人才的培养工作。苟明、杨辉（2016）以体育文化整体实力理论研究为切入点，研究认为体育文化整体实力包含文化生产、文化服务和文化传播三个方面内涵。在此基础上对提升我国体育文化整体实力从构建体育文化传播体系、完善体育文化服务体系、提升体育文化创造力和影响力、加强体育文化人才队伍建设几个方面制定相关对策，提升我国体育文化整体实力。程文广、罗嘉司等（2017）学者从体育和文化的关系以及体育文化的价值为切入点，运用文献资料法进行研究，认为体育与文化紧密相连和谐共生，体育文化的价值集中表现在精神、制度和物质层面。从这三个方面对我国体育文化价值释放情况进行调研，发现在精神层面，对体育文化价值认识的高度不够；在政策层面，体育文化价值释放执行力不够；在物质层面，对体育文化价值建设方面投入不足。建议以体育文化精神为核心，提高对体育文化价值的认识；以政策执行为手段，注重体育文化的体现；以体育文化建设为抓手，助力体育文化价值实现。孙楚等（2021）以体育文化时代价值为切入点，分析了体育文化的生成逻辑和实践路径。认为体育文化缘起于中华优秀文化，根植于中国社会主义革命实践。中华体育文化建设应坚持体育文化认同；发展自身，吸收外来，加强体育文化的保护与传承；明确定位，发挥对体育事业的引领作用。

综上所述，众多学者都认为体育文化是体育强国建设的精神内核，是学校体育、大众体育、竞技体育高质量发展的关键，应在各领域实施过程中融入体育文化元素，以此来确保体育强国建设得到有灵魂的发展。

（七）体育强国视域下体育法治与体育外交相关研究

吴超等（2012）在《论实现体育强国目标的软法建设研究》一文中指出，体育法治是体育强国目标实现的重要保障。软法建设在满足对外交流、促进政府实现职能转变、节约法治成本方面发挥着重要作用。因此，应加强体育软法建设，使软法与硬性法律形成合力，切实推进体育法治建设，为体育强国建设保驾护航。朱麒瑞（2020）在《论新时代体育强国建设背景下的中国体育法研究》

一文中指出，加快体育法治建设是新时代推进体育强国建设的重要工程。作者分析了新时代体育强国建设的法治需求，认为完善全民健身事业、确保竞技体育事业健康可持续发展、保障学校体育发展以及促进体育产业发展都需要具有强制力的法律法规来进行规范。建议我国体育法治建设应以问题为导向，深入挖掘体育法治理论基础；加强实证研究和对比研究，以推动国家体育事业的高质量发展。除此之外，作者从加强北京冬奥会和冬残奥会筹备举办期间的前瞻问题法治研究、增强我国在国际体育法规中的话语权等方面提出了未来我国体育法治研究的重点领域，为未来我国体育法的研究指明了方向。

张元章等（2022）在《体育强国建设背景下我国体育外交话语权的提升路径分析》一文中对我国当前体育外交面临的挑战进行分析，认为我国面临着西方政治霸权制约我国体育话语权的建立、中西方的文化差异导致文化认同存在障碍、国际舆论助长了西方体育话语权以自我为中心、我国体育外交制度性建设有待完善等挑战。建议我国应坚定中国特色社会主义道路、深挖中华体育文化，增强文化自信与文化吸引力、拓宽体育外交领域，占领外交舆论热点、积极担负起国际体育治理的责任与担当，参与全球体育治理、提升我国体育外交的地位与话语权。

王莉、阚军常（2020）在《参与全球体育治理，推进体育强国建设——基于主场外交视角》一文中指出，构建体育对外交流新状态是体育强国建设的重要任务，也是提升我国体育影响力的重要手段。为实现中国体育国际影响力居于世界前列的目标，作者以"主场外交"为视角，分别分析了体育强国建设、主场外交与中国体育参与全球体育治理的逻辑关系和推进策略。认为当前我国体育外交存在创新性不够、内部不协调、机制不健全、能动性不足等问题，应在转变观念、战略谋划、构建运行机制等方面加强研究，为我国在体育领域提升话语权、参与全球体育治理提出了有价值的完善策略。

综上所述，新时代体育法治和体育外交是体育强国建设的重要工程，是关乎我国体育事业健康可持续发展和提升体育国际影响力的关键抓手。从当前研究现状来看，关于体育外交和体育法治相关研究较为薄弱，且高质量研究更为缺乏，不利于体育强国建设事业的高质量推进，因此应进一步加强对体育法治、体育领域方面的研究，为我国体育事业的发展营造良好的氛围和健康可持续的发展条件。

三、体育强国文献研究述评

（一）体育强国研究具有时代特征

从整体来看，体育强国相关研究具有鲜明的时代特征。早期的相关研究及论述出现在中国近代，如中国早期的知识分子孙中山、梁启超、毛泽东、陈独秀等人在中国共产党成立早期就对中国体育事业做出了"强国强种"重要论断，早期的体育事业体现出"体育救国"思想，与中国当时所处的历史环境相互呼应。

在知网检索体育强国相关研究发现，初始阶段的研究高峰期出现在20世纪80年代，当时我国正处于改革开放时期，为提升国际影响力和服务经济建设的需要，国家以及社会对体育提出了新的要求，即"外争荣誉、内增素质"，改革开放时期的体育事业体现出"体育兴国"思想，符合当时社会发展的需要。

近期的研究高峰期出现在2008年以来，我国经济快速发展，成功获得了北京奥运会的举办权，这是对我国综合国力和经济发展水平的认可。在奥运会上获得优异成绩，再次向世界展示了我国的综合实力。众多学者做出我国已是竞技体育强国的论断，既是对我国竞技体育事业多年努力发展的肯定，同时也拉开了促进我国体育事业全面发展的帷幕。

进入新时代"体育强国"相关研究再次迎来新的研究高峰期，面对新的内部、外部环境，研究角度也由之前的单一竞技体育向多元化发展。由此可见，体育强国建设是新时代社会主义国家建设的重要组成部分，其发展与社会大环境的变化密切相关，在进行体育强国相关研究时应提高视角，将体育事业放在当前国家所处的阶段与时代背景下进行研究，了解其在当下与其他领域的关系与影响，提升研究的时效性。新时代的体育强国研究呈现出由点到线、由线到面的扩散研究状态，呈现全面化的研究趋势。

（二）体育强国研究存在的不足

首先，当前研究大多为理论层面研究，仅有少部分研究注意到理论联系实践的意义，但大多研究仍站位于顶层建筑视角，审视我国体育事业发展动态，与实际情况相联系的研究较少，实证与田野调查较少。现有研究对于实际情况所做出的判断大多是基于理论的合理推测,并未有清晰的证据来论证。

其次,对问题研究的深度有待加强,如体育强国应如何客观评价、我国现阶段体育强国建设各项事业的发展水平如何、体育强国各领域体育事业发展应如何推进等。这些问题是需要明确的量化指标来衡量的。当前研究虽然提供了丰富的理论研究和现实发展策略,但在量化研究方面较为薄弱,存在理论研究丰富、实证研究不足的缺憾,因此在后续的研究中应进一步加强。

(三) 体育强国未来研究展望

首先,针对前人研究存在的不足,我们应在继续拓宽理论研究深度的同时加大实证研究,立足现状,在对现状进行细致分析的基础上,找到问题的根源,从而为体育强国建设在微观层面制定更加具有执行力的具体行动规划。

其次,体育强国建设是一个系统工程,其中涵盖了竞技体育、大众体育、学校体育、体育产业等要素,当前对于各要素在实现体育强国进程中所应完成的历史使命缺乏客观评价体系和阶段评价标准。应加大对各要素在评价体系指标方面的研究,为其未来发展制定清晰的发展方向和各阶段奋斗目标,提升各要素之间助力体育强国建设的效率。

最后,要摆脱以往研究视角单一的问题,应看到每一个问题的背后的内在逻辑与联系,跳出体育看体育。体育强国建设是建立在社会主义国家建设的基础之上的。因此,我们在思考体育事业发展时,应站在更高的战略高度,思考体育事业与其他事业之间的联系,只有这样才能找到问题的根源,形成有价值的体育强国建设规划。

第二章 气排球运动导论

第一节 气排球运动简介

气排球运动起源于我国,是一项自主创新的新兴群众性体育项目,技术难度小、运动负荷适中、有较强趣味性以及高观赏性的综合性健身运动项目。

一、气排球比赛方法

气排球运动是一项新兴隔网技术主导类的集体性、攻防对抗性运动项目,由两支人数相等的球队,在球网隔开的两个相等区域内,依据设定规则和要求,运用身体任何部位(以手、手臂为主)将气排球从过网区击入对方场区,且使其不在本方场区内落地。

比赛开始是由后排1号位队员(后排右边队员)在发球区内用一只手将球直接击过球网进入对方场区。每方最多击球3次(拦网触球除外)使球过网,不能出现持球或同一个队员连击两次动作。比赛应不间断地进行,直至球落地、出界或某队犯规。

比赛过程中,发球队获胜一球后,得一分,该队场上队员先按位置登记表登记的发球顺序,顺时针轮转一轮后,由转换到1号位(后排右边队员)的队员发球。接发球队胜一球后,得一分,该队场上队员先按位置登记表登记的发球顺序,顺时针轮转一轮后,由轮换到1号位(后排右边队员)的队员发球。气排球采用每得分轮转制发球,无论是发球队或接发球队得一分,均须按顺时针轮转一轮后,由轮换到1号位(后排右边队员)的队员发球。

气排球比赛有五局三胜制、三局二胜制和一局胜负制。中国排球协会审定的《气排球竞赛规则2017—2020》规定,气排球比赛采用三局二胜的每球得分轮换发球制，前两局每局比分为 21 分，并同时超出对方 2 分的队为胜一局；第三局决胜局比分为 15 分，并同时超出对方 2 分的队为获胜。部分省区采取每局比分封顶，先到为胜，如《广西大众气排球竞赛规则（2007 年）》比赛成绩的计算条款中，比赛采用三局两胜每球得分制。非决胜局先得 21 分为胜一局，决胜局先得 15 分为胜一场。

二、气排球运动特点

气排球运动是一项新兴隔网技能主导类攻防对抗性集体项目，与排球运动具有很多相同的特点，又有其自身的运动特点。

（一）气排球击球技术特点

气排球击球技术特点与排球击球技术特点相同，允许身体任何部位（除发球技术动作外）击球，具有空中击球且触球时间短促的特点。气排球竞赛规则规定不允许"持球"动作，即不允许接触击球时间过长，同时，要求允许运用身体任何部位击球，但是击球动作必须在落地前完成。

（二）团队攻防配合特点

气排球比赛双方都在利用气排球竞赛规则允许的 3 次击球（拦网除外）规定，组织和设计战术配合，特别是在越来越多的具有排球基础的青少年参与的情况下，气排球呈现出更多精彩战术组合、激烈攻防转换特点，逐步呈现气排球队员很强的战术意识、队员之间合作的高度默契和深度协同。

（三）气排球竞赛规则特点

气排球与排球得分相同，采取每球得分制，但规则规定发球为每得分轮转换发制。中国排球协会审定的《气排球竞赛规则 2017—2020》规定设置跳发球限制线，在发球区域内与端线相距一米且平行的地方画一条与端线长度相等的跳发球限制线，跳发球必须在限制线后完成起跳动作。气排球与排球进攻性击球定义相同，但不同的是气排球的每方场区距离中线 2 米的平行线称为限制线，只允许队员在限制线后才可以对高于球网上沿的球完成进攻性击球。气排球队员在限制线内对高于球网上沿的球将球击入对方场区，必须具有明显的向上弧度，不许有向下扣球、加压或抹球等动作。气排球比赛要求所有的有向下弧度的进攻性击球必须在进攻限制线后完成。

(四) 场地器材特点

气排球场地一般要求在平整的地面上，如木地板、胶垫、水泥地、草地、沙滩上也可。中国排球协会审定的《气排球竞赛规则2017—2020》规定的场地为长 12 米、宽 6 米的长方形；男子球网高度为 2.1 米、女子球网高度为 1.9 米。通常比赛中，多数情况是利用羽毛球场地外线组成的区域为场地，长 13.40 米，宽 6.1 米。在男子与女子混合的比赛中，球网高 2 米。

(五) 一传创新技术特点

气排球球质软、球体大，球网高度相对排球球网低，竞赛规则对一传技术相对宽松，学者们和运动爱好者将气排球比赛中运用较多的一传创新技术动作称为双手"捧"球、双手"捞"球、双手"托球"、"阴阳手"接球、太极手接球、双手"插托"球、低蹲传球、单手"托"球、单手"捧"球、单手"捞"球等。学者凌齐通过分析气排球一传创新技术动作关联规则和关键动作结构，依据气排球规则击球规定，球可以触及身体的任何部分，击球时，允许身体不同部位在一个动作中连续触球，但球必须被击出，不可接住或抛出，将气排球的"捧""捞""托"等一传击球技术统一命名为"下手抖球"，气排球的"插托""阴阳手""太极手"等一传击球技术统一命名为"双手挡垫"。当然，气排球独特的一传击球技术，还有待进一步研究规范和命名。

三、气排球运动大众文化属性

气排球是一项融休闲、娱乐、运动为一体的新兴大众全民健身体育项目。气排球运动之所以能在全民健身活动中盛行，究其原因，是其蕴涵了大众文化的种种特质而蓬勃兴起。大众文化是一种在现代工业社会背景下所产生的、与市场经济发展相适应的市民文化，是现代工业社会中产生的、以现代都市大众为主体消费对象，通过大众媒介（机械媒介和电子媒介）传播，按照商品市场规律运作，集中满足人们感性娱乐需求的文化形态。大众文化主要基本特征是商业性、流行性、娱乐性和普及性，它与共时态的官方主流文化、学界精英文化相互区别和对应，同时也与传统自然农业经济社会的民间文化和通俗文化有着原则性差异。

(一) 气排球场地器材简易化，具有广泛大众性

气排球球体大、质量轻、球速慢、易控球，比赛攻防回合次数较多；球质软、有弹性，大大降低参与者受伤概率；气排球场区小、球网低，适合不同年龄、性别、体质和技术水平的人群参与。气排球运动能适应和满足群众多层次、多样化的趣味健身服务需求，并能使群众在活动中体会和拥有更多的获得感、满足感、幸福感。气排球运动在优化全民健身公共服务供给侧结构性改革和体系中发挥着独特作用，具有很广泛的大众性。

(二) 气排球竞赛规则宽松化，具有健身休闲性

气排球竞赛规则对一传技术"持球""连击"尺度要求相对宽松，特别是老年人气排球比赛活动中，允许常用的双手或单手"捧""托""捞""太极手"等击球动作，使得气排球一传击球有效、精彩。同时，竞赛规则设置的2米进攻性击球限制线和跳发球起跳1米限制线，降低了进攻击球和跳发球的威胁性，增加了比赛攻防来回球的次数。竞赛规则宽松化使得比赛中来回球次数增多、连续性增强，比赛中的自由性、随机性、趣味性和运动负荷适中的有氧性，使得参与者的运动快乐感、成就感明显增强，并获得精神和身体上的满足，具有很强的休闲运动特征。随着人民大众生活水平的提高，人们参加体育锻炼不仅是为了健康，也是为了丰富业余时间的休闲生活，气排球运动的休闲性，势必将成为全民健身发展需求的新兴运动体育项目。

(三) 气排球技战术多样化，具有运动普适性

气排球比赛中运用较多的双手"捧""捞""托""阴阳手""太极手""插托"，以及单手"托""捧""捞"等一传击球技术动作，与人们日常生活劳作的技能动作关系密切，简单易操作、易掌握，又具有多样、合理、实用性。比赛场上人数有四人制和五人制，其中有男子、女子和男女混合阵容配备，特别是男女混合阵容非常有利于激发参与者的运动乐趣和运动快乐。气排球运动的多人共同参与、有效配合集体特性，需要参与者交流配合、共同努力完成比赛，具有凝聚团队合作的作用，符合我国普适文化所倡导的"团结就是力量"集体文化特质。气排球运动的隔网对抗特性，避免了参与者直接身体对抗而可能会引发的冲突和争端，符合我国普适文化的"以和为贵"思想。

(四) 气排球运动经济化，具有生活实惠性

气排球运动器材成本低、出售价格低、损耗值低，气排球的价格在普通大众能承受的正常范围。气排球运动场地易提供、易满足需求、受限制因素较小，只要是空地上均可进行运动，特别是在现行比赛中通常利用羽毛球场地进行比赛，实现了体育运动场地资源共享。通过气排球运动进行锻炼健身活动，符合大众群体运动健身消费水平，较大程度提高了其在消费运动的可选择性。气排球运动开展也势必带动相关商品经济、服务产业的发展，无论是对相关周边产品的销售，还是运动教育产业的发展，都有不可否认的推动作用。气排球运动的推广符合我国国情，解决了人口众多的问题，很好地节省了场地占用，扩大了参与人数，其消费水平也在我国现有国民经济所能承受的范围值内，是一项经济实惠的全民健身运动项目。

第二节 气排球运动发展概况

气排球运动发展历经诞生形成、改革推广和盛行发展三个阶段。

一、诞生形成阶段

气排球运动的诞生，应归功于中国铁路员工。受春节联欢晚会的启发，他们在休闲时，吹软塑料气球；用嘴吹、手拍、头顶、肩扛，在线上或网上飘来飘去，两人、三人、四人、五人不等，分两边对推对打，十分有趣，场上充满欢笑声。铁路员工们从这项娱乐中受到启发，认为这项活动很好，既经济又方便，还能强身健体。1984年，内蒙古呼和浩特铁路局集宁分局为了开展老年人体育活动，他们将两个气球套在一起打，最后又改用儿童玩耍的软塑料球取代气球并参照6人制排球竞赛规则，简单地定了比赛规则进行比赛，故取名为气排球。

1989年9月，呼和浩特铁路局举行第四届老年人运动会。中国老年人体育协会常务副主席、中国火车头老年体育协会第一副主席韩统武发现老年人气排球运动这种活动形式好，有利于老年人锻炼身体，活跃老年人的文体生活，故提倡发展该项运动。1991年，中国火车头老年体育协会第三次代表大会在北京

召开期间，邀请呼和浩特老年人气排球队到北京作示范表演，并介绍经验，深受与会代表的喜爱，之后决定在全国铁路系统推广发展。同年，中国火车头老年人体育协会依据排球规则，制定并印发《老年人气排球竞赛规则》。1986年，广西壮族自治区灵川县为更好推广老年人体育活动，老年人体育协会副秘书长龚艺先生利用塑料袋充气成球，在当地举办首届老年"气排球"比赛。

二、改革推广阶段

1992年，全国铁路老年体育工作会议在北京召开，集宁铁路分局的老年气排球队进京在大会上做了表演，都认为这项运动很适合老年人体育健身、康乐宗旨，决定在全国铁路老年人体育活动中推动发展。1992年4月，全国老体协秘书长工作会在北京建筑总公司机关召开，大会期间又就近请了石家庄铁路分局老年人气排球队来北京表演，与会者认为这项运动很好。

1992年3月，全国铁路系统在石家庄举办了第一期气排球培训学习班；同年11月，在武汉举行了首届全国铁路系统老年人气排球比赛，共有7支男队和6支女队参赛。1993年3月，全国铁路系统在北京铁路十四局召开发展气排球运动工作会议，成立了"中国火车头老年人气排球协会"，并选举产生了名誉主席、顾问、主席、副主席、秘书长、常务委员、委员等协会领导和成员，同时成立协会技术指导组、经营组、宣传培训组等组织机构。同年7月，分别在齐齐哈尔市和锦州市举办第二届老年人气排球赛。

中国火车头老年人体育协会分别于1994年3月在天津、1995年3月在西安、1996年4月在成都、1997年3月在上海、1998年3月在北京、1999年6月在北京召开了中国火车头老年人气排球协会年会，加强气排球运动发展的组织和领导。中国火车头老年人体育协会还分别于1992年11月在武汉市、1993年7月在齐齐哈尔市和锦州市、1994年10月在济南市和蚌埠市、1995年8月在兰州市、1996年10月在重庆市和成都市、1997年9月在大同市和呼和浩特市、1998年9月在柳州市和株洲市举办气排球比赛。

1995年国际奥委会主席萨马兰奇访问中国时观看了老年气排球表演，他对气排球这项运动大为赞赏，他说："气排球很好，既适合老年人，也适合中年、青少年。"1999年，中国老年人体育协会审定了《老年人气排球竞赛规则》，并委托中国火车头老年人体育协会在郑州举办全国老年人气排球教练员和裁判员培训班。为进一步做好推动气排球运动的开展与普及，中国老年人体育协会组织实践试行和论证研究，多次修订气排球竞赛规则。从此，中国铁路系统开启了老年人气排球运动有组织、有计划、有领导的发展时期，也开启了气排球运动面向全国推广的发展步伐。

三、盛行发展阶段

2004年10月，全国老年人体育协会在浙江省丽水市举行第一次全国老年人气排球比赛。从此，拉开了老年人自主创新的气排球运动向全国推广的序幕，带动了不同年龄、不同群体、不同人员参与气排球运动活动，慢慢风靡全国，逐步普及盛行，在全国各地涌现出多种类型、多种规则的气排球活动。2005年10月，在福建莆田市举行第二次老年人气排球比赛。2006年10月，在北京举行第三次老年人气排球比赛。之后相继举行全国老年人气排球交流活动、全国老年人气排球之乡交流活动、全国老年人体育健身大会气排球项目交流活动、全国气排球邀请赛、全国女排宿将气排球等全国老年人气排球比赛活动。

2011年，中国老年人体育协会气排球专项委员会成立，老年人气排球运动逐步走上规范化、标准化、普及化、大众化的发展道路。从2013年开始，全国老年人体育协会气排球专项委员会开展"全国老年气排球之乡"命名活动，截至2020年已进行四批命名活动，共有73个单位被命名为"全国老年气排球之乡"，创建命名活动对促进全国老年人气排球运动的普及和提高产生了积极而广泛的影响。2021年，中国共产党建党百年华诞，中国老年人体育协会策划"追寻红色印记、传承革命精神"全国老年人气排球推广展示交流培训活动，选择在上海、浙江嘉兴、江西井冈山、贵州遵义、陕西延安和河北西柏坡六个在党的历史上具有重要纪念意义的地方开展，瞻仰革命圣地，重温党的历史，牢记使命，砥砺前行，讴歌党的辉煌历程和丰功伟绩，用实际行动发扬革命传统和优良作风，贡献老年人的力量。

2015年6月，中国排球协会和国家体育总局排球运动管理中心正式将气排球运动纳入国家排球运动发展计划，我国气排球运动进入盛行快速发展时期。同年，中国排球协会组织的全国"超级杯"气排球比赛设立山东、浙江、湖南三个分站赛和一个总决赛站，分大学生组、青年组、中年组和老年人组四个组别；总决赛有80支参赛队伍，人数达800人。2016年中国排球协会推出"体育公益金—神州万里行"大众排球系列活动，包括全国"超级杯"气排球联赛四站分区赛、国家"元老杯"气排球比赛和全国青少年气排球夏令营。此后相继举办此系列大众气排球活动。

气排球运动的普及发展和竞技水平的日益提高，也正带动着气排球运动朝着全民休闲健身、娱乐竞技和校园体育的方向发展。特别是2017年，气排球运动正式成为第13届全国运动会群体体育比赛项目，践行"全运惠民，健康中国"的办赛理念，再到十四运的"全民全运，同心同行"口号，反映着中国从体育大国迈向体育强国的步伐越来越快。2019年，教育部学生体育协会在杭州市举办第1届全国高校大学生气排球锦标赛，从当年开始将气排球列入中国大学生正式赛事，落实着立德树人的根本任务与"健康第一"的教育理念，实现着学生在体育锻炼中享受乐趣、增强体质、健全人格、锤炼意志目标。

四、气排球运动发展典型区域

(一) 广西壮族自治区气排球发展概况

广西气排球运动始于1986年，在广西灵川县最早开展活动。2004年，《中国体育报》《广西日报》等对此作了报道，《灵川县志》也有记载。2022年6月15日，笔者随广西排球协会主席廖秀南一行5人到广西灵川县调研气排球起源。调研组在灵川县文化广电体育和旅游局负责人及有关人员的陪同下，对提出气排球"出生地"之争的龚艺老先生进行了访谈。

1985年9月，灵川县成立了老年人体育协会，龚艺（时任县体委干部）任老年体育协会副秘书长，负责全县老年人的体育活动。当年，老年人下棋、打牌较多，很少到室外活动，篮球、排球比赛运动量又大，体力吃不消，不适合老年人。1986年11月，龚艺在电视上看到一个老年人吹鸡毛比赛的节目，他突发灵感想到用气球代替排球，进行类似排球的比赛。试验中曾用军用气枕头、篮球胆和塑料袋替代排球打，称这项运动为"汽排球"。通过练习、摸索，他们发现这种球质软、富有弹性、手感舒适、难度不大、运动量不大、不易伤人的"汽排球"，非常适合老年人和妇女活动，于是向外界推广。龚艺还给这项运动编顺口溜"跑一跑，跳一跳，乐一乐，笑一笑，汗水冒一冒，回家洗个澡，晚上睡好觉。"1987年1月，灵川县老年人体育协会在县领导的支持下，举办了灵川县首届老年人"汽排球"迎春比赛。当年的"三八""五一""五四"等节假日，灵川县都举办了全县性的"汽排球"比赛。曾任灵川县教育局局长的秦荣明，当时在广西师范大学体育系读书，撰写气排球毕业论文采访龚艺时，建议将"汽"改成"气"，从此，气排球运动在灵川县广泛开展，并深受欢迎。龚艺拿出1987年1月5日灵川县老年体协印发的《灵川县城老年人"春节"文体活动规程》《汽（气）排球竞赛规程》、汽（气）排球记录表和有关汽（气）排球比赛的经费预算，其中规程比赛办法规定，为了老年人安全及体力着想，"排球赛"用气球代替，每队四人（三人上场，一人替换），在距中线四米发球，球最多击三次必须击过中线，每局13个球，三局两胜制，触网、身体过网违例。《灵川县志》第836页第三章体育中，关于老年体育中记载："有组织的老年体育始于1985年9月老年人体育协会成立。在成立期间，灵川首创气排球老年体育项目，1987年元月首次在老年人节体育运动会出台，《体育报》《体育春秋》《广西日报》先后作了报道。"随后，提供了秦荣明1987年10月17日在《体育报》上发表的《气排球受灵川县人欢迎》，后来又先后在《广西日报》《体育春秋》《侨报》等刊物发表关于气排球运动的新闻，使灵川县气排球的名声远扬，河北大学、葛洲坝等单位前来学习取经。

1990年，通过铁路系统一系列气排球比赛活动，气排球运动项目传入柳州铁路局（现南宁铁路局）。1998年9月，中国火车头老年人体育协会在柳州市举办铁路系统老年人气排球比赛，比赛用球为黄色的"老火车头牌"气排球。经过柳州铁路局举办的铁路系统气排球比赛，赛事活动的趣味性、娱乐性、休闲性和健身性，很快赢得了广大老年人和职工的喜爱。1999年，广西老年人协会重新审订《广西老年人气排球比赛规则》。

2000年，气排球在广西呈现全面流行和发展趋势。不仅有老年人参与，更有越来越多的年轻人参与；不仅在群众体育中流行，更在学校体育中流行。广西大学、广西师范大学、广西民族大学相继开设大学公共体育气排球课、体育专业气排球普修课和专项课。2007年，广西壮族自治区体育局组织专家和有关人员制订《广西大众气排球竞赛规则》，2007年版规则的出台，为广西气排球运动的蓬勃发展奠定了坚实的规范基础，使气排球运动在广西呈现蓬勃发展态势。2007年，气排球运动正式成为第十一届广西壮族自治区运动会群众体育比赛项目，标志着气排球运动从广西地方性的自娱自乐走向体育竞技的大舞台。2007年，广西壮族自治区体育局举办首届广西城乡万人气排球大赛，截至2019年，广西城乡万人气排球赛已经举办了五届，已成为广西全民健身品牌赛事之一。2008年，广西壮族自治区体育局和相关部门为传承壮族文化，融绣球文化与气排球运动相结合，研制出绣气排球。2009年12月，举办首届广西"红水河杯绣气排球"比赛，将民族文化传承与全民健身活动融合推广和普及，绣气排球在广西受群众广泛喜爱。《广西全民健身实施计划（2016—2020年）》提出："大力开展广西大众喜爱的气排球运动项目，加快普及与提高，继续扩大参与人群，提高参与人口数量，力争到2020年，全区参与气排球运动人口突破1000万。"

广西气排球呈现出赛事多、参加人数多、比赛形式多的盛况。2014年以前，广西区域内盛行的气排球球体由软塑料材质制成，简称"桂标"气排球，主要有"南铁""邕友""野花""恒佳""绣气排球"等品牌。中国火车头老年人体育协会推广的"老火车头牌""夕阳乐牌"气排球，也曾出现在赛场。2015年，南宁市第九届运动会气排球比赛首次引进全国气排球竞赛规则，比赛采用"轻排球"，球体由发泡面料层与内胆构成，广西简称"国标"，主要有"宇生富牌""三山""恒佳""爱动"。2016年"国标"气排球邀请赛在广西南宁成功举办，随后全国各地都在开展气排球运动，比赛用球和规则都是统一的，"国标"气排球逐渐在广西崭露头角。2018年2月，广西排球协会在南宁恢复成立。2018年6月，广西壮族自治区体育局举办2018年"恒佳杯"广西气排球公开赛，比赛用球为"桂标"。2018年广西柳州银行代表广西参加2018年"超级杯"全国气排球联赛总决赛，获得男子青年组亚军，比赛用球为"国标"。2019年，广西壮族自治区第十四届运动会分设"桂标"与"国标"气排球比赛项目。2017年的第一届和2018年的第二届"恒佳杯"广西高校大学生气排球锦标赛比赛用球分别使用"桂标"和"国标"。

2023年，广西排球协会制订《广西桂标气排球竞赛规则（2023年版）》，规则中明确规定，比赛采用三局两胜制，第一、二局每局为21分，先得21分为胜该局。第三局为15分，桂标组先得15分的为胜场队。同时，增加实行《慧眼挑战规则》内容。慧眼挑战规则规定，气排球比赛中，对于裁判员的一些判罚，比赛的双方均可以实行挑战，即对当时裁判员的某次判罚立刻表示异议，提出反对。挑战必须符合以下条件：一是挑战范围只限于球是否打手出界，球是否出界，球员是否触网的判罚，其余的判罚，均不得提出挑战；二是挑战申请，在裁判员做出判罚后，在下一次发球哨吹响之前，由教练员或队长申请挑战，其他人员无权提出挑战申请。发球哨声吹响后，不得对前一球的判罚提出挑战，否则裁判员除拒绝接受挑战外，可以以延误比赛对该队进行判罚。三是挑战成功，即裁判员根据挑战方提供的视频，进行改判；四是挑战失败，即裁判员根据挑战方提供的视频，维持之前的判罚。挑战方需在挑战申请后10秒内，提供清晰的、明确的录像视频供裁判员判断（可以有不同的角度视频，但所提供的的视频，必须同时一次性提交）。无现场视频的，不接受挑战。一局比赛中，比赛双方各有不计次数的挑战机会，但在出现一次挑战失败后，该队将在该局中丧失后续挑战权利。裁判员在经过挑战后做出的判罚，另外一队有权立即提出反挑战。反挑战视同一次挑战。如果反挑战成功，则之前提出的挑战队伍即为挑战失败，该局丧失挑战权利。反挑战失败，则反挑战队该局丧失挑战机会。无挑战权利的队伍，不能进行反挑战。丧失挑战权利的队伍，提出挑战申请，裁判员可以以延误比赛进行处罚裁判员在挑战后做出的判罚，为最终判罚并不需要做出解释，结果也不可更改，比赛的双方必须无条件服从。

为贯彻落实《全民健身条例》《"健康中国2030"规划纲要》精神，深化体教融合，广泛开展全民健身赛事活动，促进全民健身高水平发展，更好地推动广西"桂标"和"国标"气排球运动的普及和发展，广西排球协会提出了"双轨制"发展广西气排球运动的发展战略，一方面继续开展广大群众喜爱的"桂标"气排球运动；另一方面加快普及、推广"国标"气排球运动，实现与全国接轨。2023年，广西社会体育运动发展中心、广西排球协会和广西学校体育卫生艺术学会联合相继举办气排球锦标赛、公开赛、邀请赛以及行业赛等系列气排球比赛，赛事为"桂标"组和"国标"组，同时设中年男子和女子、青年男子和女子等小项组进行比赛。

（二）云南省气排球发展概况

1996年，云南省开始推广气排球运动。初始，云南省举办的气排球比赛基本上是老年人参加。这个时期比赛开展相对较好的是云南省普洱市举行的第一届和第二届千队气排球比赛，参赛人员主要来自全市县（区）及市直单位。把云南省气排球开展推向快速发展轨道的当属"云南省高等院校气排球理事会"，于2004年4月、2005年2月、2006年2月连续举办云南省气排球邀请赛。2005年5月、2006年6月云南省连续举办较大规模的全国气排球邀请赛，为众多的中老年朋友搭起一个比赛、健身、会友交流的平台，形成了气排球东西交流、南北贯通的局面，极大地推动了我国气排球运动的发展。比赛期间各参赛队不同程度地安排了游玩四川九寨沟、成都都江堰和青城，云南昆明、大理、丽江和西双版纳，通过赛事平台丰富老年人业余生活，是实现老年人"体育+健康+旅游"生活的最佳典范。2007年8月，云南省"鑫夕阳健康杯"全国气排球邀请赛在昆明国贸中心举办，云南省高等院校、云南省省级机关、云南省电力系统、云南省铁路系统等均报名参赛，尤以云南省地、州、市、县为最多，而且已扩大到乡镇，发展到曼坎村、景代告村等村寨，其中傣族、哈尼族、彝族、景颇族等少数民族，更有邻邦越南河内派队交流参赛，参赛队伍多达120个，是一次民族交流、对外交往的体育文化传播和繁荣发展的赛事活动。

2014年，云南省气排球协会成立。2015年5月，云南省首届少数民族气排球锦标赛在丽江古城区开元村成功举办。截至2019年，该赛事已连续举办五届。云南省少数民族气排球锦标赛是一项独具特色的赛事，要求每个队需有30%的少数民族运动员方能报名参赛。2019年，第五届锦标赛参赛少数民族运动员占比达到37.90%，有彝族、白族、傈僳族、傣族、纳西族、普米族、满族、藏族、回族、苗族、布依族、壮族、蒙古族、拉祜族、佤族、瑶族、朝鲜族、土家族、仡佬族、瑶族等20个少数民族运动员参与其中。同时，赛会开幕式上举行唱歌跳舞民族大联欢活动，真可谓是一项民族大聚会、大联欢的交流活动。云南省气排球运动发展形成了大联合、大联欢、大团结的民族团结进步实效，对于多民族融合发展、推动全民健身运动热潮、促进旅游经验都有十分重要的意义，以体育文化自强态度与行动汇集边疆体育发展动力，传承与弘扬体育精神，铸牢中华民族共同体意识，凝聚中华民族伟大复兴力量。

（三）福建省气排球发展概况

1993年，气排球运动传入福建省。2000年3月26日，福建省宁德市最早成立气排球协会——宁德市气排球协会。2001年11月，福建省老年人体育协会举办福建省"功臣杯"老年人气排球比赛。2002年11月，福建省举办第六届老年人运动会气排球项目比赛。2005年10月，中国老年人体育协会在福建莆田举办第二次全国老年气排球比赛。在2004年、2005年、2006年福建省代表队连续三年包揽全国老年人气排球比赛的冠军。从2006年开始，福建省气排球赛公开赛连续举办12年。2015年、2016年、2017年连续3年，福建省承办"超级杯"全国气排球联赛总决赛。2017年，福建省排球协会先后举办首届气排球甲级联赛和首届气排球乙级联赛。甲乙级联赛赛事是福建省排球协会2017年全新打造的品牌赛事，是全国首创的气排球赛事类型，推动了气排球运动朝着规范化方向健康发展，助力高速发展的气排球运动与大众化的气排球全民健身活动完美结合。福建充分利用地缘优势，以体育为媒，举办海峡两岸暨港澳台气排球交流赛。2006年4月25日，"海峡巾帼健身大赛"在厦门举行，来自福建、台湾、香港和澳门的女子气排球队参加了为期4天的健身比赛，此项赛事拉开了气排球运动向港澳台地区快速发展的序幕，也掀起了一股气排球热。

提起福建省，不得不讲福建省长泰县。排球于1915年由华侨传入中国漳州，而漳州男排主力大部分为长泰人，长泰开展排球运动之早全国难寻。长泰县孕育了我国如今的排坛泰斗张然，也间接促成了漳州成为中国女排训练基地，深厚的排球历史底蕴使长泰县也被称为"中国排球之乡"。长泰县气排球成绩斐然，在2014年福建省全民健身运动会气排球公开赛中包揽男子甲、乙、丙组三组冠军；2015年首届"超级杯"全国气排球联赛总决赛，荣获男子甲、乙组二组冠军；首届海峡两岸气排球邀请赛，包揽男子甲、乙组二组冠军；福建省气排球总决赛，包揽男子甲、乙、丙组三组冠军；2016年第二届"超级杯"全国气排球联赛总决赛，荣获男子青年组（大学生组）、男子中年组、女子青年组（大学生组）三组冠军；第二届海峡两岸气排球邀请赛，荣获男子乙组冠军；2017年"超级杯"全国气排球联赛分区赛以及总决赛均荣获男子青年组、中年组二组冠军；"我要上全运"福建省气排球公开赛男子甲、乙组二组冠军；第十三届全国运动会群众项目首次纳入气排球项目，以长泰县气排球队为班底的福建男队荣获亚军；2019年，第二届中国气排球公开赛获男子中年组冠军。

第三节　气排球运动发展趋势与研究热点

气排球自发明以来，无论是对大众体育还是学校体育都产生了较大的影响。在大众体育方面，发展至今，气排球影响的范围已经从最开始的铁路退休职工延伸到了各行各业。还有研究表明，气排球运动对特殊伤病或强戒人员康复有益。在学校体育方面，最早有成都市小学在2004年就举办了成都市小学气排球联赛，而后中学、职校、高校也都逐渐尝试将气排球运动作为教材，取得了较好的反响。此外，气排球运动在实践过程中还引起了专家、学者对其发展进行社会学等领域的思考，间接反映了气排球运动在我国影响力之大。本书通过在中国知网查阅、收集气排球运动的相关文献资料进行整理分析，通过研究2012—2022年我国气排球运动的发展历程及现状，探索其热点及发展趋势。

一、气排球运动研究主题热点分析

（一）气排球运动的可行性分析

从气排球运动2012—2021的文献量以及研究主体分布来看，气排球运动的可行性分析占一定比例。在可行性研究方面，专家、学者主要从气排球运动在各级各类学校的可行性分析为主，旨在探索气排球在学校开展教学活动的价值和优势，例如气排球运动的技术易操作、运动规则简单、运动强度低、趣味性强等，为气排球进校园提供有力支撑。

（二）气排球运动的发展策略

气排球运动目前正处于稳定发展阶段，需要通过科学、合理的发展策略来支持。因此，在发展策略这一方面研究的专家学者也较多。在策略研究方面，目前的研究多以某地域的气排球运动发展现状为案例，对其存在的不足与未来发展对策进行分析。例如以中国气排球之乡——福建省、位居其次的广西壮族自治区等地域为案例，分析发展过程中的优势、不足以及面临的挑战，为其他地域或单位、机构提供实践经验和理论支持。

（三）气排球运动教学

气排球运动受排球运动的影响，在发展初期，部分教师采用教学方法与练习手段都是排球运动教学的内容，没有考虑到气排球项目本身的独特性。但随着气排球运动的群众队伍越来越强大，实践经验与技术也越发丰富和成熟。因此，在教学方法和手段上也有所创新，例如，利用现代多媒体技术实施O2O教学模式、范例教学模式以及情境教学法等，学者通过这方面的研究，丰富气排球的教学模式和方法，提高教学效果。

(四) 气排球运动技术

气排球运动的发明来自群众休闲娱乐活动，这也在一定程度上决定了它的运动负荷、技术难度及规则特点。这些特点在实施过程中并不影响它的技术发展与水平，例如，气排球的独有技术"捞、捧、托"、"2米进攻线"的创新技术与规则，既降低了技术难度，又在规则上保护了运动员。因此，许多学者也对气排球技术进行了研究，分析某项技术在运用过程中的方法及在比赛中的影响。

除了在学术研究方面气排球运动在不断前进，气排球运动的技战术发展也在不断创新和进步。现对气排球的技术发展作以下总结：

(1) 创新技术发展。由于气排球发展初期的参与人群大部分是中老年人，规则也没有完善，因此在技术上没有任何规范动作，出现的动作都是运动员自己的经验产物，也就是现在的"捞、捧、托"技术。"捞、捧、托"技术不仅适合中老年群体在技术上的掌握，对于目前高水平队伍的一传水平也有很大影响，是气排球运动技术发展上的亮点之一。

(2) 气排球战术发展。气排球比赛与排球比赛最大的不同是人数以及进攻限制线。在人数上，气排球比赛中减少到了五人；在进攻限制上，设置了两米线，所有队员都必须在进攻线之后完成进攻性击球，否则将判处违例、失分。这样的规则特点也决定了气排球的战术组合，如"221"和"212"阵式的形成以及在实践运用中的攻防转换进行了详细分析。

二、气排球运动的未来发展方向

(一) 气排球运动文化

气排球运动目前在社会活动中占一定比例，但相较于篮球、羽毛球等运动项目还缺乏一个成型的社会文化。其推广的主要方式是人们在实践过程中运体验和收获的情绪价值，缺乏篮球、羽毛球、乒乓球等运动深入人心的项目文化给人们带来的内心共鸣。因此，在日后的发展过程中无论是气排球运动的推广还是学术研究都应关注气排球运动文化的建设工作，促进气排球运动在传播过程中体现出文化价值。

(二) 气排球运动品牌化

从文献发表数量来看，气排球运动目前正在走向稳定发展阶段。学校体育和群众体育对气排球运动的包容性、接受程度较高，社会气排球氛围较好。气排球赛事也走进了各行各业，受到了广大群众的喜爱。因此，在未来研究过程或发展推广过程中可以尝试打造气排球运动品牌，让气排球运动走向品牌化，打造特色气排球。同时，也能为体育市场创造市场机遇，刺激体育消费。

(三) 气排球运动标准化

随着气排球运动的影响范围与深入，气排球运动相关标准的制定刻不容缓。作为一项群众覆盖极广的运动项目，气排球的竞赛规则也出现了一些地域性的规则。例如气排球比赛中的跳发球限制线，有的比赛在比赛细则中尤其注明了使用跳发球的运动员，从起跳发球至落地瞬间均不能踏及跳发限制线，否则视为违例。而在有的比赛中则规定为"跳发限制线后起跳，完成发球后可踏及比赛场区"。这样的现状迫切要求我们的气排球运动竞赛规则必须要制定统一的规则，为气排球运动更加合理化、科学化的发展，以便更多的爱好者了解和学习气排球。

(四) 气排球运动国际化

据了解，气排球运动目前已经传到了西方的澳大利亚、新西兰等国家，这足以表明，气排球运动的价值与功能对群众乃至社会带来的影响之大。未来气排球运动的发展将逐步走上国际舞台，以"中国自创运动项目"的名片走向全世界。这就需要我们在发展策略以及传播渠道上继续作深入研究和相关准备工作，以更好地支撑气排球运动的推广，促进气排球运动国际化。

第三章 气排球运动科学研究综述

气排球运动源自我国20世纪80年代的铁路退休工人的体育娱乐活动。经过四十年的推广，广大群众对它喜爱有加，各地的赛事也开展得如火如荼。丰富的赛事、逐渐完善的规则都成功地吸引了越来越多的气排球爱好者。因此，气排球运动的影响力逐渐扩大到了各个领域，由最开始的单位内职工休闲活动，逐渐成为全民健身的主力项目，各级学校也纷纷开设了气排球课程。气排球的发展速度之快、影响力之广，究其缘由，都离不开其本身的优势特征，如低冲击性、弱对抗、易上手等。因此，本书也尝试从我国1993—2022年的气排球运动研究文献的刊发数量、研究主体、研究方法等方面进行分析，对其进行定量分析和定性分析。经查阅文献，目前我国学者对气排球运动项目的研究方向集中在以下几方面：一是气排球运动项目的发展现状及趋势；二是气排球运动对不同人群的影响；三是气排球发展策略研究；四是气排球技战术研究；五是气排球教学方面的研究。鉴于此，本书立足用我国气排球运动的未来发展趋势以及研究热点，与"健康中国2030""体育强国建设"呼应，探讨、分析我国1993—2022年的气排球研究成果，对气排球的发展现状及趋势、气排球技战术、气排球课程以及教学模式等方面进行梳理和评述，探索气排球运动项目的未来发展路径，为我国气排球运动项目的发展提供数据参考与理论基础，对气排球运动项目走向国际化、标准化具有重要意义。

第一节 研究方法

一、文献资料法

文献资料法是撰写文献综述等的常见方法，笔者通过在中国知网检索，对气排球相关研究进行了整理和分类。本书分别以主题在中国知网上检索到的828篇（1993—2022年）相关文献为分析对象，对其关键词、研究方向等方面提取信息，分析历年来我国学者在气排球运动项目上进行研究采取的方法、研究主体以及提出的观点。

二、数理统计法

数理统计法是定量研究分析研究对象的一种常见方法，通过对文献的数量发表、文献类型等方面的数据进行统计与整理，运用图表展示，从而得到研究的结论以及发展状况和研究趋势。

三、对比分析法

对比分析法是对研究内容进行横向或纵向对比分析的一种方法，运用对比分析法有助于了解和得到该研究领域在发展中的纵向，从而进行各个方面的对比，了解研究趋势的走向，有利于下一步研究的开展。

四、关键词分析法

在文献研究中，通过对关键词的检索、提取与分析，可以将关键词词频的数量变化进行定量分析，并将关键词词频变化与学科的相关研究对照，通过高频关键词的频次来确定某一领域研究热点问题及发展趋势。

五、元分析法

元分析是一种特殊形式的文献总结，其目的不是为某一特殊研究问题提供文献性证据，而是利用各种文献概括出经验性和理论性的结论。学者还指出，一项高质量的文献分析应该能够得出几项具体结论并指明今后研究热点及方向，还有可能修正旧理论或提出新理论。文献分析不是一种简单的对于某一研究领域文献的总结和归纳，而是研究的一种逻辑形式，利用这种逻辑形式，作者可以导出结论并提出新理论。

第二节　整体研究情况及定量学分析

从中国知网查阅到气排球为主题且关键词为"气排球"的全部研究成果共计667篇，学者从不同视角对"气排球"进行了研究和解读，大大丰富了气排球的研究成果。其中，学术期刊有492篇，约占74%，学位论文有175篇，约占26%，另外还有在会议和报纸上的相关文献。

一、文献的年度与数量分布

文献年度发表数量能够反映某一领域的研究热度与发展趋势，笔者通过检索搜集"气排球"主题下的文献，并得到其文献年度分布见图3-1。

图3-1　文献的年度与数量分布

从年度文献量统计图显示，可以将文献研究分为三个时期。

第一阶段（1993—2005年）：发展萌芽阶段。在这个阶段关于气排球运动的研究方向较少，相关研究发展缓慢。这是由于在这一时期，我国的整体发展重心在经济建设上，在体育上的发展趋势仍然留有"举国体制"的痕迹，对群众体育还没有过多的关注。气排球第一次出现在刊物上是在1993年的《体育博览》上，气排球被作者以"深受老年职工喜爱的运动"介绍给大众，并称之为趣味性、集体性集为一体的新型老年运动项目。次年，禾木（1994）首次提出了气排球的本身特点对于老年人和青少年儿童具有普适性，并可以作为排球运动的辅助教学手段。气排球运动在国内铁路系统有了一定热度后，有关气排球的研究也有了进展。2001年，林永铭在《气排球运动的健身观测》一文中首次以气排球健身价值为研究方向，通过对老年气排球运动员的运动损伤部位，对老年人参与气排球运动给予科学的指导建议，并认为气排球运动有利于老年人强身健体。2004年，蔡志源在《创新的气排球》一文中首次详细地介绍了气排球的基本技战术，并指出气排球创新了基本技术，增加了双手捧球、单手托球等特色技术，还赞扬了气排球对于普通群众休闲运动的适宜性。此后，学者们对气排球的相关研究有了新方向。专家、学者们逐渐关注气排球运动，并对发展现状、项目价值、竞赛规则等方面投入调查和研究。其中，主要是对老年人参与气排球运动的健身价值、运动损伤的研究。他们打开了对气排球运动魅力的探索，为我国气排球运动的发展奠定了理论基础。

第二阶段（2006—2019年）：高速发展阶段。这一时期气排球运动的研究主要集中在气排球教学、气排球开展现状以及可行性研究。有学者开始讨论将气排球项目设置为高校体育课项目，气排球运动的应用性研究开始增加，总体发展趋势处于上升期。且在文献数量上相比上一阶段实现了较大突破，研究成果丰富。在这一阶段，我国的"十一五""十二五""十三五"规划和第29届奥运会的举办为我国的体育事业发展提供了重要机遇与新的动力，这直接提高了专家、学者对气排球运动的研究兴趣。尤其是在2008年北京奥运会之后，文献数量稳步增加。从"十一五"到"十三五"期间，良好的经济发展、不断升级的居民消费结构，实现了群众从参与体育、享受体育到对健康更高层次的需求，同时在进一步营造崇尚运动、全民健身的良好氛围，推动体育融入生活。这一阶段的代表性研究有：可行性研究方面梁益军（2007）的《高等学校公共体育开设气排球的可行性研究》，气排球运动推广研究方面刘利鸿等三人（2015）的《我国气排球运动推广研究》，气排球发展及对策研究方面罗俊波（2016）的《广州市气排球运动发展及对策分析》，气排球教学方面黄帅（2017）的《普通高校气排球选修课运用领会式教学法的实验研究》等研究成果，将气排球运动项目的研究成果推向了制高点。

第三阶段（2020—2022年）：稳定发展阶段。发展趋势呈现出波动信号，研究成果多元化，但数量上呈下降趋势。在这一阶段，国家体育总局颁布了《"十四五"体育发展规划》，提出了"全民健身水平达到新高度"的原则，开展了"我要上全运"群众性体育赛事活动，推动了气排球运动的研究向多元化发展。学者们尝试着以现阶段的国家政策为依托，促进气排球运动走向更高的平台，成为更多群众休闲运动的选择。同时，在教学方面，气排球的研究成果也从高校推广至中职、中学、小学甚至幼儿园，标志着气排球运动在我国体育事业中的影响力在直线上升。其中，蒲庭燕（2020）的《基于微信公众平台的高校气排球O2O教学模式构建》、袁登科（2020）的《湖南省气排球运动开展的SWOT分析与对策研究》等论文，对本研究的研究方法和框架具有重要意义。

二、气排球运动项目的研究热点

关键词是反映论文主题内容的文献术语，其特点是从文献的主题、主体以及视角揭示文献研究的内容。对关键词进行整理和分析可反映该领域的研究热点、主题结构及发展方向。本书通过在中国知网上以"气排球"为主题检索，得到了18301篇相关研究成果，其中"关键词"包含"气排球"的研究成果有667篇。通过文献计量学方法对中国知网收录的气排球相关文献进行定量分析和统计，得到了图3-2。

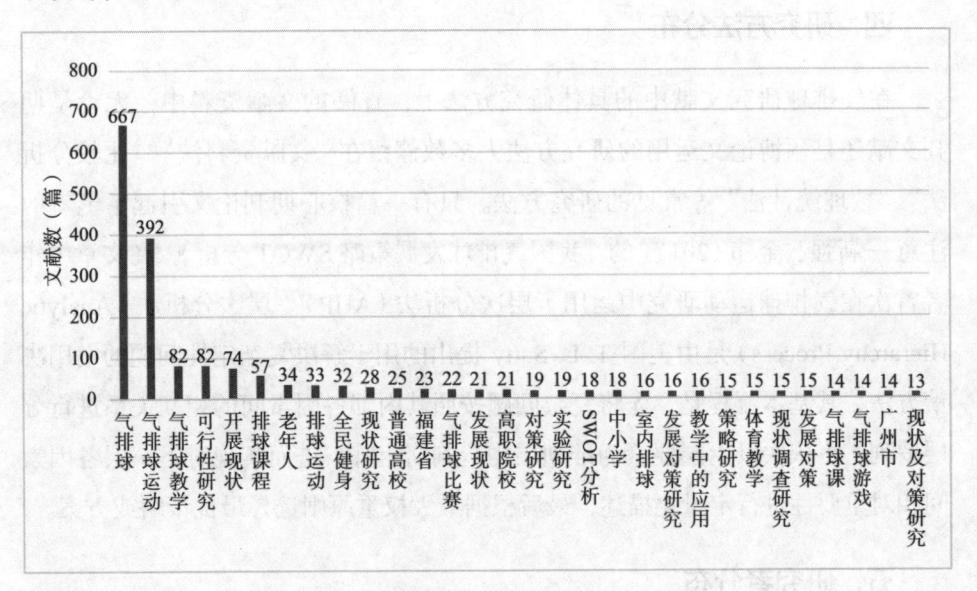

图3-2 研究主题

三、期刊、学位论文、报刊等数量分布

在中国知网检索出 828 篇关于气排球运动相关研究的文章中，按文献类别的数量分布分别进行统计（见表 3-1）。在查阅的研究文献资料中发现，核心期刊论文与硕博论文共占总文章数的 25%，说明气排球运动的研究价值距学界的普遍认同还存在差距，研究成果的学术水准还有待提高。由上面的文献数量分布图也可以得出，气排球运动在近两年的文献数量有大的波动，这是由于多方面原因导致的。

表 3-1 气排球运动研究文献一览表

文献来源	核心期刊	非核心期刊	特色期刊	硕博论文	会议论文	报纸	总数
数量	11	409	198	175	16	19	828
比例	1%	50%	24%	21%	2%	2%	100%

四、研究方法分布

在气排球研究文献中的具体研究方法上，查阅的文献资料中，无论是期刊文献还是硕博论文运用的研究方法大多数停留在"文献资料法""比较分析法""数理统计法"等常见的研究方法。只有一篇核心期刊论文引起了笔者的注意——靳强、金伟（2017）的《我国气排球发展策略 SWOT 分析》，在文章中作者首次在气排球运动研究中运用了层次分析法（AHP）。层次分析法（Analytic Hierarchy Process）是由美国 T. L. Satty 提出的用于解决复杂定性问题的实用决策方法，其基本流程是，先将复杂问题按照其内部各因素间的相互关系进行分层罗列，再依次以上层要素为准则层构造判断矩阵，进而实现对下一层各因素间相对重要性进行定量化描述，最后根据最大权重原则选择最优策略或方案。

五、研究者分布

众所周知，福建省的气排球运动氛围是全国数一数二的，许多全国性的气排球大赛都在福建省举办。此外，在气排球文献资料贡献方面，福建省也是全国的主力省份。研究者在气排球方面的发文量是衡量其研究是否为研究力量的

主要标准之一。如果一个研究者或一个机构能够围绕气排球运动进行持续研究，且能够公开在学术期刊发表系列有关方面的研究论文及学位论文，容易形成围绕气排球运动研究的学术方向，能够成为我国气排球运动研究力量的核心群体。从图3-3中可知，发表5篇及以上气排球运动相关研究成果的作者共计10人，从超过5篇的研究者来看，毫无疑问这些研究者已成为气排球运动研究的核心研究群，但研究群体的规模和数量还不足。而发表3篇及以下的研究者，或许没有产生以气排球运动为主要研究方向的研究兴趣。

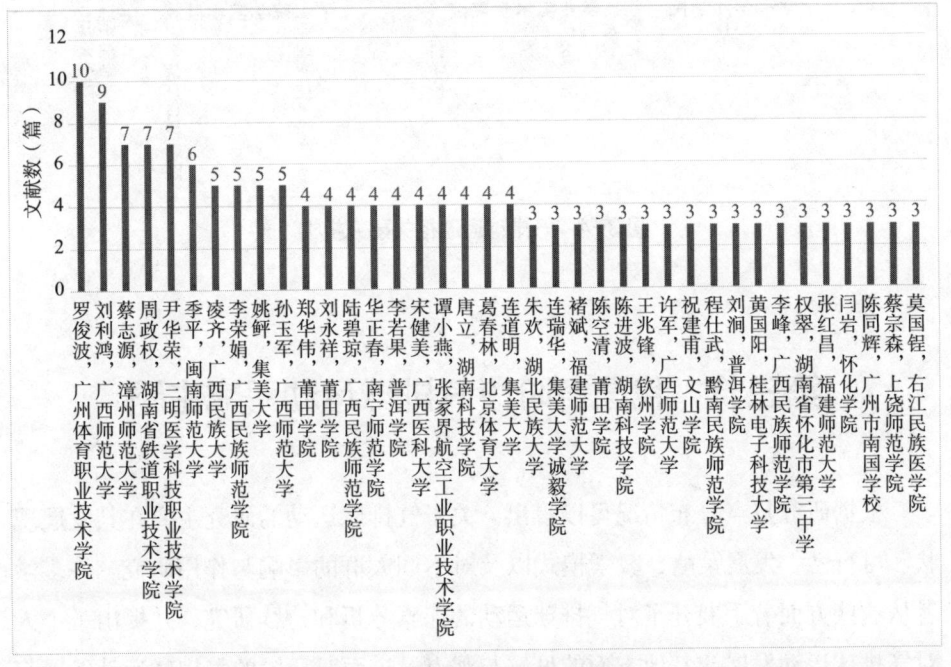

图3-3 气排球运动相关研究者

六、研究机构分布

在研究机构分布上，排在一、二位的发文机构是广西师范大学和福建师范大学，分别发表了29篇和24篇的期刊论文。莆田学院和北京体育大学分别发表13篇和12篇，云南师范大学、集美大学和西北师范大学各发表11篇。其他研究机构发表论文数量，见图3-4。发表的论文的主要研究层次在应用研究和开发研究上，多数是围绕气排球运动的可行性与发展现状及策略展开的研究，研究方法也是以文献资料法、专家访谈法、问卷调查法为主。

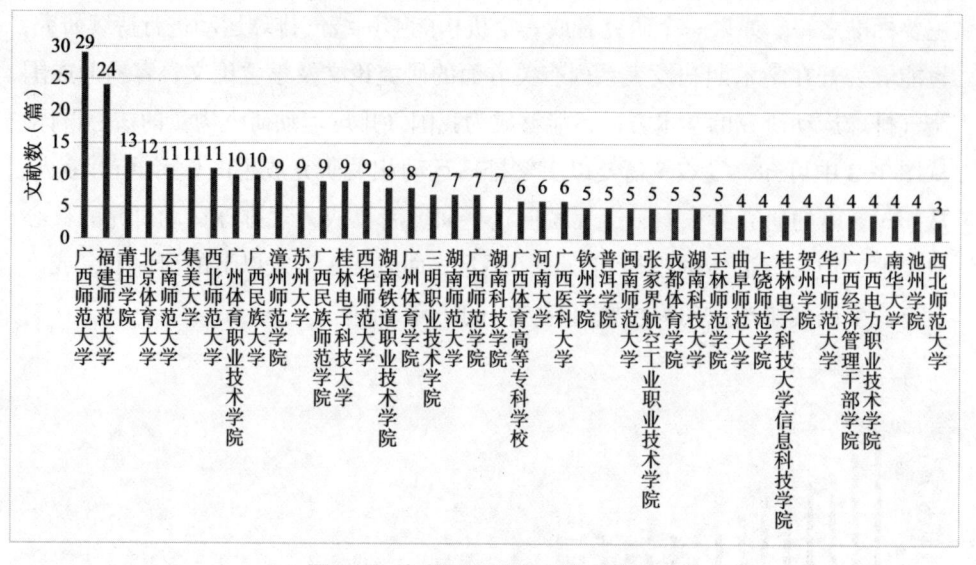

图 3-4　气排球运动相关研究机构

第三节　我国各阶段气排球运动研究主题

根据研究热点分布情况可以得出，关于气排球运动的研究主要在其发展现状、可行性、发展策略、教学模式以及对不同人群的影响与作用研究。许多学者从这些方面着手展开了对气排球运动的探索分析和持续研究，并提出了个人对气排球运动发展或其他方面的见解与观点，进而对我国的气排球运动发展起到了积极的推进作用。下面将以我国气排球运动的起始发展阶段、高速发展阶段、稳定发展阶段的逻辑顺序，深入分析我国气排球运动在不同发展阶段的研究特点、研究主题以及研究方法，总结其发展过程中的优势及不足，为促进气排球运动发展贡献微薄力量。

一、起始发展阶段——以老年人为研究主体

在气排球运动发展的第一阶段（1993—2005 年），气排球运动的项目特点、开展情况以及气排球对老年人的健身影响、作用是学者们的研究热点。在这一

阶段，知网收录的气排球方面的研究文献共有 16 篇，其中有 5 篇是以老年气排球为研究主题的，约占这一阶段文献量的三分之一。这是由于气排球起初是在老年职工中兴起的运动项目，对第一阶段的气排球研究方向起了一定的引导作用。

(一) 有关老年气排球的研究

我国第一篇介绍气排球运动的公开文章是 1993 年发表的《健身百科》，王宝祥介绍了气排球运动简单的比赛方法、比赛场地以及球的规格，并表示，气排球目前正在以铁路局火车头体协为牵头，带动了临近地区几个铁路局进行气排球运动，并深受广大老年同志的喜爱。钟秉枢、董进霞 (1994) 两位学者也认为气排球本身所具备的飞行速度慢、材质柔软、质量轻的特点尤其适合老年人的运动需要，并认为这些特点能够提高气排球比赛的趣味性和观赏性。同时，也提出了气排球运动的发展能够为振兴我国排球运动、促进排球运动群众化作出贡献。还有福建师范大学的林永铭 (2001)，首次针对老年人在气排球运动中的身体状况及运动损伤跟踪分析，他认为，老年人参加气排球运动不但能够健身，还能够达到健心的目的，但在运动时如果一味追求暴力发球和扣球，骨关节和韧带容易发生运动损伤。他还提出，小幅度地提高球网高度能够有效遏制老年运动员盲目暴力发球和扣球，具有预防运动损伤的积极意义。俗话说："无运动，不损伤。无损伤，不运动。"参加任何一项运动都会有发生运动损伤的可能，气排球也不例外。虽然它是一项隔网运动，但在参加运动时还是会有发生运动损伤的隐患。

同时，也有学者专门对气排球运动的健身价值进行的研究，陈海春 (2004) 以首届福建省高校老年人气排球比赛作为研究对象，研究结果表明：通过参加气排球运动，在心理健康方面，老年人的忧郁水平、焦虑水平、人际关系敏感程度都呈现一个大幅下降的趋势，愉悦程度表现为大大提高；在身体健康方面，老年人的心率、血压、力量、耐力、灵敏等素质都有不同程度的改善。总体来说，参加气排球运动增强了他们的心肺功能。蔡志源还以老年人气排球运动为案例进行调研，探索气排球运动的品牌推广策略。经过调查，得出气排球运动在闽南地区确实拥有十分广泛而又扎实的老年群众基础，但要发展成为老年人气排球项目品牌还存在一些挑战。例如，在技战术方面以及裁判员的水平，都是影响品牌推广的一部分。因此，提出了要成立闽南地区的气排球研究联谊会，搭建气排球文化研究及信息交流的平台；要多组织俱乐部交流比赛，以赛代练；组织气排球运动的项目培训，让气排球运动开出属于它的时代之花。

(二) 有关气排球运动基本技术的研究

有学者就气排球战术进行了详细分析，总结出了"一二一点阵式"、"二二阵式"、"插上进攻阵式"、"非常规快速进攻战术"和"跑动进攻战术"的进攻战术，以及"单人拦网"、"双人拦网"的防守战术，并对"球性"和"手感"做出了解释。蔡志源从个人实践经验以及带队经历出发，详细分析了气排球基本技术在实践中运用的动作要领，并总结了在技术运用中的常见缺陷，如"扣球失误"、"守株待兔"式二传、"手、脚分离"式扑救球。

二、高速发展阶段——研究主体多元化

随着人民收入水平的不断提高，广大人民群众对生活的物质需求转变为了对美好生活、绿色健康的需求，第29届北京奥运会的举办更是大大增强了我国的全民健身氛围。同时，有了群众和政策的铺垫，专家和学者也更有信心和兴趣对其展开研究。气排球运动在这一阶段的研究发展势如破竹，正如我国在"十一五""十二五""十三五"阶段取得累累硕果。在这一阶段，我国气排球运动的发展达到了第一个顶峰，突破了体育学的单一学科研究，实现了与社会学等学科的交叉融合。同时，研究方向也从发展现状到可行性和教学实证等方面的研究转变，为我国气排球运动的发展和运动水平的提高有着不可磨灭的功劳。

(一) 关于气排球在不同人群的影响作用研究

随着气排球运动在我国的推广和发展，气排球群体在不断扩大，不再局限于老年人参加，而是走进了千家万户，走进了学校的运动场，走进了公园的文化角。随之而来的，是各类群体对气排球运动的喜爱有加，但存在的正面或负面影响也是不可避免的。

董能（2007）以《气排球运动对老年人体质影响的研究》为题的硕士学位论文，针对性地对参加气排球运动的老年人体质进行了深入研究，在研究过程中，以形态指标、机能指标、素质指标以及气排球运动强度作为实验指标，得

出了结论：长期参加气排球运动，能够降低血压、增强心肺功能、改善身体机能，还能增强老年气排球运动员的力量、反应和灵敏素质。陈空清（2006）特别指出了老年人在参与气排球运动过程中膝关节的损伤，研究以2005年的全国老年气排球球赛的运动员作为研究对象，以问卷调查的形式收集了一百余份有效问卷。调查结果显示，常见的膝关节损伤类型包括膝半月板损伤，膝内、外侧副韧带损伤等。对此，学者提出了对老年人参与气排球运动提出了几点建议：①注意运动强度，预防运动损伤；②重视准备与放松活动；③规范技术动作；④加强对运动损伤的认识，重视医务监督。于贵身通过实验法，对比研究了参与气排球运动的老年人和不参与任何体育运动的老年人的主要生理指标变化，并得出结论：①参与气排球运动的老年人在心肺功能的具体指标上明显优于不参与任何体育运动的老年人；②参与气排球运动的老年人在肌肉力量上有明显增强；③参与气排球运动对老年人的身体器官机能、肌肉力量的保持以及延缓衰老方面有一定促进作用。李荣娟、张瑞等专门对中老年女性参与气排球运动后的身体成分、骨密度以及肌肉力量指标的变化作为研究内容，经过半年的跟踪调查，整理研究结果得出：长期参与气排球运动有利于保持骨骼力量，抑制骨密度和肌肉力量的下降。

（二）关于气排球运动可行性的研究

气排球运动在健身、娱乐、教学等方面的价值在发展过程中得到了广大群众的认可。因此，专家和学者也对它进行了更有针对性的研究，深入分析气排球在新领域的可行性，促进其社会认可度的提升。同时，也解锁了气排球在更多领域发展的可能性。

姚鲆、陈铁成（2011）特别对我国气排球推广大省——福建省，进行了福建省高校开设气排球课的可行性研究。指出气排球课的开设主要受管理者、组织者以及参与者三个方面的影响，因此针对气排球课在高校开设的优势和困难做了相关调查，并提出了以下对策：①发挥老年职工带动气排球运动在教学上的推广；②增加校园内气排球文化的建设与宣传，吸引管理者对气排球运动的兴趣；③致力于气排球课程的建设，填补高校气排球空白领域；④梳理、统一教学理念，增强教师素质；⑤激发参与者兴趣。刘杰也认识到气排球运动的社会价值及健身价值，试图将气排球作为选修课引入高校教学中，在研究过程发现影响气排球运动在陕西省发展滞后的主要原因有：社会环境、学校态度、师资水平以及学生接受能力。因此提出了要加大对气排球运动的宣传力度，使更多人认识到气排球的健身价值与社会价值。丁海波分析了气排球运动进入中小学体育教学的可行性，他分析认为，气排球运动所具备的场地设施要求低、材质包容性好、参与门槛低、技战术易上手以及健身价值高的优势，非常适合中小学体育教学，同时也能作为排球的预学习阶段，为学生今后学习排球打下基础。刘国文在学位论文《基于SWOT分析的潍坊市高职类院校开展气排球运动可行性研究》一文中，以气排球在高职院校开展的"优势、劣势、机遇、威胁"四方面为主要研究内容进行了系统的分析。通过分析，作者提出了要提升气排球在学生心中的价值定位，优化气排球课程设置的细节，打造高质量赛事等发展策略，为潍坊市高职院校气排球课程建设提供理论基础，推动气排球运动的发展。

(三) 关于气排球教学的研究

气排球运动项目在专家学者的探索下、广大的群众的呼声下，进入了学校体育领域，成为体育教学的教材之一。气排球的教学既依赖于传统排球，又不同于传统排球，其独特的项目特点、规则以及场地规格，都在推动气排球向一项全新的、独立的运动项目发展。因此，在气排球项目的教学研究上也有许多新探索和新发现。

陆勇等（2006）对气排球项目在高校教学进行了探索，他称气排球这项休闲体育项目进入高校课堂，是我国教学深化改革的新鲜血液，增强了改革过程中的活力以及改革的力度。他在教学实践后发现，开设气排球课程不仅能使学生掌握基本技术和规则，还能在课堂以外服务于气排球赛事，这将为全民健身事业做出重大贡献，有利于组织群众体育活动，丰富群众的闲暇娱乐生活，为终身体育奠定基础。

凌齐等（2013）在对气排球课堂教学模式研究中，构建了气排球技术课与影像分析课堂教学模式，从构建的指导思想、原则以及具体内容上详细分析了该课堂教学模式的实践过程。总结得出，该课堂教学模式在气排球技战术的教学上有着明显的优势，尤其是在气排球技战术的教学过程中，通过技术与影像分析相结合的方式，使学生在学习过程中对球体受力变化，对发球和扣球时物理空间、时间空间的掌握，对创新一传技术违例动作的认识以及对拦网技术的预判及视觉搜索能力的提高等方面的问题得到解决，有利于学生对气排球技战术的学习及训练。

李杨（2016）对气排球项目在常德市城区高级中学的教学进行了调查分析，该课题从整体出发，调查得出了关于气排球教学的教学师资、学情、教学目标、教学内容、教学方法等方面的现状，并对影响气排球教学的因素和策略加以分析，得出结论：①常德城区高级中学在气排球教学上存在着师资力量不足，教学目标设置不符合学生身心特点，教学评价没有关注学生的全面发展，还停留在技术考核阶段；②学校应完善体育教学的机制，引进、培养教师，建设场馆等；③鼓励学校自制校本课程，丰富教学内容和手段；④建议在校内开展文化宣传活动，营造良好运动氛围；⑤关注学生全面发展，完善教学评价机制。

杨红芬（2017）对成都市小学生参加气排球运动的参与动机进行了研究，并认为，国内气排球的研究关注都在退休中老年人、单位职工及高校学生等人群，关于小学生群体还没有太多理论研究。经过调查、分析得出：①性别上，男生在气排球参与动机上要高于女生；②年龄上，高年级的参与动机要高于低年级学生；③在技术水平上，校队学生的参与动机要优于非校队学生；④在球龄上，有一年以上经历的学生参与气排球运动的动机要优于一年以下球龄的学生。因此，作者也指出，要在教学中根据参与动机的强弱来调整教学计划，关注各个方面的差异，进行因材施教，进而提高学生的运动参与动机。

黄明熙（2018）从气排球教学存在的问题、教学实践的重要性以及教学提升策略三个方面出发，对改革背景下的高校气排球教学进行了实践探索。经过实践，发现气排球在高校教学存在着教学环境和教学评价两方面的问题，因此，提出了要创新方法、完善教学体系与教学设施的对策，帮助学生在学习过程中提升主动参与的积极性，获得运动的乐趣。

王潇等（2019）对高校气排球教学模式进行了 PBL 模式下的实验研究，以问题导向教学模式对气排球学习者的学习效果进行了科学性的分析。实验结果显示：①问题导向教学模式下的学习者在学习兴趣、积极性、主动性上要优于对照组学习者；②问题导向教学模式有助于引导学习者自我纠错与反思；③问题导向教学模式下的学习者在气排球基本技术掌握程度上要优于对照组，帮助学生对技术动作的记忆保持；④在问题导向教学模式下，学习者的自主学习频率和对所学知识的记忆深度都有提升。

刘曙亮等（2019）则采用"动态分层递进"教学模式进行高校气排球选修课的教学实验，立足于"将学生发展放在第一位"，旨在为高校气排球教学提供创新教学方法，为教学改革提供经验。实验结果显示，采用"动态分层递进"教学模式的学生在气排球基本技术，尤其是传球技术上明显优于对照组。同时，在学生积极性、合作与竞争意识等方面都有所增强。不过，在实施过程中，整个动态分层的调整、如何把握每位学生的水平与特点以及练习时机都是需要注意的。

何菊红（2019）对小学生气排球教学模式展开了范例教学模式的实验研究，她指出，范例教学模式在小学体育教学中有利于学生形成终身体育意识、增强学生的创造能力和自主学习能力以及突出学生在教学过程中的主体地位。在实验过程中，范例教学模式在教学过程根据学生水平和特点选择"范例"，采用自主学习、模仿的形式让学生学习、掌握技能，并总结学习经验迁移到其他课程的学习，起到举一反三的作用。实验结果显示，范例教学模式教学的学生气排球技术水平和身体素质要优于常规教学学生，学生的学习兴趣和综合意识方面也要优于常规教学学生。

朱清华（2019）对高校气排球教学进行了"O2O"（online to online）的改革探索，研究认为，目前高校存在着"教师少，学生多"的普遍现象，导致在教学过程中，教师的教学时间与学生的学习时间比例失调，学生练习时间不足，学习进度也大不相同，对教学目标的实现造成了实际困难。而"O2O"教学模式则切实地为广大师生解决了这一困难，实现了线上与线下相结合的高效率教学，帮助学生精准、高效地掌握学习内容。研究还指出，学校应合理配置资源，为学生提供气排球学习的交流平台并举办气排球比赛，营造良好的运动氛围，调动学生学习积极性。

（四）关于气排球技战术的研究

周伦春等（2010）探索了气排球具有项目特色的攻防战术并应用在中学教学中，对"221"和"212"阵式形成以及在实践运用中的攻防转换进行了详细分析。他提出，气排球规则呈现基本技术多样化的特点，气排球项目的规则与场地都使其在基本技术上脱离了排球，而产生了气排球自由化、多样化的创新动作。

林雪峰（2011）专门对气排球传球技术动作进行了创新训练方法的研究，他指出，气排球由于本身的"轻、飘"等特点，使其在排球技术基础上还多了许多创新技术，如抱球、单手托球、正面或侧面双手低手传球等技术。并详细介绍了各个传球技术的训练方法，为气排球运动竞技水平的提高提供了坚实的理论基础。

姚鲆等（2008）对比研究了气排球与排球技术上的异同，从发球、防守、拦网、二传和扣球技术运用上的区别，为气排球发展提出了建议。通过比较分析，在发球技术上，允许发球试图是排球与气排球的显著区别；在防守方面，气排球创新的"插、捞、捧、托"提升了防守效果，而在排球中，这却会被判为"持球"；在二传技术上，由于气排球不允许在进攻限制线内完成进攻性击球，这无形中削弱了二传和攻手的战术运用，对比赛的精彩程度和对抗的多样性也有所影响；在扣球技术上，气排球的进攻限制线是它最突出的特点，它要求在进攻线以内的击球都必须有向上的弧度；在拦网技术上，气排球规则中为了保护运动员，不允许拦网队员过网拦网和下压拦网，这一规则在一定程度上影响了比赛的精彩程度。最后，学者指出，气排球本身的独特性和规则的局限性影响了气排球运动的发展，应在一些方面学习排球的对抗性和连续性，在推广过程中向各年龄段群众普及，发挥全民健身的作用。

刘利鸿等（2013）以南宁市第八届运动会气排球联赛男子决赛中的扣球技术为研究对象进行了分析，采用录像解析法等研究方法对比赛中的扣球技术特点及得分情况进行了详细的数据分析。经分析得出：①下拉式、侧拉式、推压式和扣飘球是气排球扣球的主要手法。②在比赛中的扣球数量和得分数量都是以四号位强攻居首，得分率居首的探头球，失分率居首的是二号位强攻。③双方的主要进攻和得分手段是四号位强攻。二号位得分率相对较低，三号位快攻数量少但效果好；吊球数量明显多；后排攻效果一般。因此，比赛中应充分利用探头球和三号位快球，重点抓好四号位强攻和二号位强攻，适当采用后排进攻和吊球。而后刘利鸿（2014）又以广西气排球运动的技战术特点为研究对象，整理、总结了广西地区气排球运动在技战术方面的创新，以此为经验为全国气排球运动的技战术发展提供经验。文中详细介绍了广西气排球技战术的运用特点，还特别指出了由年轻队员创新的"低蹲上手传球或捧球"的接发球技术和"远距离冲跳扣球"的扣球技术等，但这样的发展趋势也有对老年人气排球群体不适用以及容易受伤的弊端。因此，作者提出，可以通过修改规则和场地尺寸来进一步规范和保护运动员。

张锰锰（2017）以第六届全国绿色运动会气排球赛老年男子组作为研究对象，对其运用的技战术进行详细分析，主要采用录像分析法、对比分析法对比赛过程中的技战术进行对比分析，由文中的技术分析统计表可以得知，安徽金曦队在本次比赛中表现突出，尤其是在接发球和组织进攻方面。该研究还得出以下结论：①在得分手段上，以扣球、拦网、发球为主；②接发球次数与比赛得分成反比，因此，接发球次数越少，则球队得分越高，越容易赢得比赛；③在进攻方面，"中间加压，两边拉开"的进攻战术发挥了较大优势；④气排球比赛的价值超越了全民健身的价值，带给了人们精神上的享受与体育赛事的魅力。

唐立（2018）针对"3+2"男女混合阵容在气排球发球、接发球战术的比赛站位进行了详细分析，研究指出，"3+2"阵容能够满足参与人员男女比例的配置要求，让男、女运动员都能发挥自身特长，在比赛中发挥出应有的水平。并认为，气排球是一项由排球运动演变而来的运动，但其娱乐性和趣味性远远超过了排球运动，为广大群众带来了新体验。其中，男女混合阵容使得气排球比赛中的技战术更加丰富、精彩。

（五）有关气排球与其他学科的研究

陈空清（2007）对莆田市气排球运动兴起以及发展现状进行了社会学的研究，得出气排球运动在莆田市的兴起缘由来自六个方面：①国家实行的"五天"工作制为群众带来了更多的闲暇时间，增加了人们的运动时间，为气排球运动提供了平台；②"健康"受到了越来越多人群的关注，群众对健康的重要性认识或将影响人们参与运动的动机；③气排球运动的场地器材易操作且比赛趣味性强，为其发展和推广提供了重要贡献；④群众的自发组织和社会赞助为气排球运动的推广提供了持续动力，且社会效应良好；⑤单位、公司以及社会组织的多层次气排球竞赛活动，促进了气排球的兴起，增加了经济效益；⑥高水平的气排球专业人员在气排球的发展推广中起到了保障作用，给予气排球运动更专业、更科学的运动指导，同时也吸引了更多群众参与进来。

孙太华(2010)也从社会学角度出发，整理分析了气排球运动在我国兴起的缘由，总的来说，有以下几个方面的原因：①我国人口进入老龄化阶段，气排球运动的兴起，使老年人健身活动日益兴盛；②在气排球运动的带动下，老年人活动丰富、精神愉悦，有助于老年人消除忧虑与孤独感；③气排球运动丰富了我国居民的生活闲暇时间，对社会文化建设起到了促进作用，有利于构建和谐社区及精神文明建设；④气排球赛事的举办在一定程度上带动了当地经济的发展，提高了当地的体育文化知名度，有助于打造体育赛事品牌。

万格格、刘伟(2015)则是以大众文化的视角对气排球运动的大众文化属性进行了研究。作者认为：气排球的大众文化属性主要体现在它自身的特征，即运动规则大众化、运动负荷休闲化、运动过程趣味化和运动参与经济化。气排球运动拥有的这些大众文化属性使其在我国蓬勃发展，群众喜闻而乐道。

三、稳定发展阶段——研究成果新颖化

这一阶段是我国"十三五"和"十四五"的衔接时间段，在"十三五"时期，出现了人民群众日益增长的多元化、多层次体育需求同体育有效供给不足之间的矛盾，体育社会化的水平还有待提高，基层体育社会组织和全民健身公共服务发展滞后。"十四五"时期，在"十三五"取得了全民健身、体育消费和体育强国等方面的新进展后，开启了全面迈向社会主义现代化体育强国的新征程，提出了"全民健身达到新高度""竞技体育实力再上新台阶""青少年体育发展进入新阶段"等主要目标，以及"构建更高水平的全民健身公共服务体系"和"广泛开展全民健身活动"等战略，共同推进"健康中国"建设。其中，举办全运会群众赛事这一举措，为广大气排球爱好者提供了平台，同时，也让气排球运动在更高的平台与大家相见，见证广大群众在赛场上的风采。丰富的赛事、坚实的群众基础为气排球运动的发展提供了充足动力，也为专家、学者提供了新方向，研究视角越加新颖，研究成果也越来越多元化。

(一)有关气排球教学训练影响的研究

黄美方(2020)将气排球游戏教学引入幼儿注意力稳定性的实验研究，利用"划消法"、"视觉追踪测试"、"舒尔特方格实验"和"反应时"这四个测试指标

进行比较，旨在判断气排球游戏教学的手段是否更优于其他教学干预手段。通过一学期的教学实验，得出结论：气排球游戏教学在提高幼儿注意力方面有明显作用，且具有长期稳定效应。

韩青华在其硕士论文中则以气排球训练对"海洛因"强戒者的身心健康影响为研究内容，选取相关实验对象，对其进行气排球有氧训练和徒手力量训练的干预。经过12周的运动干预和实验结果的分析，得出：①文化程度在一定程度能够影响人们染上毒品的概率，文化程度越低染上的概率越高，反之则越低；②气排球运动在心肺功能、反应时以及身体平衡力方面对强戒者有显著增强和提高作用；③气排球与力量素质组合的训练能有效遏制强戒者对海洛因的渴求度。

刘煜伦（2020）在其硕士论文中将气排球与广场舞带给老年人的主观幸福感作为研究内容，以锻炼者的性别、年龄、教育程度和经济收入为描述性变量，通过问卷调查法对比分析气排球与广场舞两项锻炼项目给老年人带来的主观幸福感。研究结果显示：①在老年人群体中获得主观幸福感不存在性别差异，但受教育程度对主观幸福感有显著影响，受教育程度越高，心理烦恼程度越低。②年龄和收入也对主观幸福感的获得有一定影响，其中，收入越高心理烦恼越低，但超过某数值后也会有所升高；③气排球锻炼比广场舞锻炼更能让老年人获得主观幸福感，同时还能降低心理烦恼程度，促进心情愉悦；④运动量对中老年获得主观幸福感也有一定影响，实验表明，中等及以上强度更能给人带来积极情绪；⑤老年人的锻炼年限与主观幸福感也具有相互作用，锻炼年限越长，能够产生的积极情绪越高，主观幸福度也会随之提升。

（二）有关气排球比赛及训练的研究

吴莉婷在其硕士论文中以高水平青少年气排球比赛得失分规律作为研究内容，通过录像观察法等研究方法分析整理出气排球项目比赛的得失分规律及其影响因素。得分因素以扣球、发球、拦网以及对方失误为分析对象，失分因素以扣球、发球、拦网、一传、防守、其他以及自失分为分析对象，经过整理，得出总体得失分规律为：①在高水平男子比赛中，胜队的主要得分手段和失分手段分别是对方失误和扣球，负队的主要得分手段和失分手段均是扣球，且对方失误和比赛胜负有着直接关系；②在高水平女子比赛中，胜队的得分主要来自对方失误，对方的失误表现在一定程度上决定了比赛的结果，失分项主要是保护不当失分。而负队的主要得分手段是拦网，失分主要手段是扣球。同时，也提出了建议，气排球比赛是一项集体性的比赛，最后的结果是全队队员技战术及身体素质的综合结果。因此，在训练中应保障队员的技术全面、规范以及战术系统的优化。

李靓（2021）在其硕士论文中则以运动视觉训练为切入点，探究其在不同水平气排球运动员的接发球预判能力中的影响。该研究以有基础和无基础的运动员为区分，分别探究运动视觉训练对他们的接发球预判能力的作用。经过分析实验结果，得出：①运动视觉训练能够显著提高无基础运动员在比赛中判断发球类型、发球落点的预判能力；②运动视觉训练对有基础的运动员的接发球预判能力有着显著作用。

吕雪（2021）在其硕士论文中以成都市小学生气排球比赛的比赛特征作为研究对象进行了深入研究，在实践调查中以参加过比赛的小学教练员和裁判员作为调查对象，以了解成都市小学生气排球运动的发展历程以及在发展过程中的主要特征及存在的难点。研究指出，成都市小学生气排球运动的发展历程可以概括为三个阶段：探索阶段（2004—2007年）、普及推广阶段（2008—2016年）、快速发展阶段（2017年至今），在发展过程中参加小学生气排球比赛的队伍也呈现一个显著的上升趋势，裁判队伍和健身以外的价值也越加健全和突出。但研究也从发展的不足之处进行了整理并提出相关意见，例如从比赛的完整性和安全性方面提出了要设置安全处理中心并提供应急方案；从裁判员的业务水平方面提出了设置成都市小学生气排球比赛的专项裁判员储备库，为比赛提供保障；从教练员和队员方面则提出了要拓宽教练员的学习途径，以优化训练方案，形成系统化的训练；最后，还提出了要不断丰富比赛形式，举办各类型的气排球比赛，以促进学校队伍之间的交流和成长。

郭世超、姚继伟（2022）对气排球竞赛拦网判罚的疑点和解决路径进行了研究，从气排球拦网合法化入手，对气排球竞赛中的多种拦网情形进行分析，挖掘、总结疑点并提出解决路径。该研究以"进攻性击球为扣球"、"进攻性击球为处理球"和"进攻方与防守方的网口争球"分类，总结了十余种拦网情形，并对气排球规则提出建议：①对于进攻方明显低于网口的"进攻性击球"，应禁止对方任何形式的拦网;②当进攻方在进攻线内有进攻意图的"进攻性击球",应采取胸部以下的下手击球方式将球击过网,且对方不得有任何拦网行为;③进攻方的第一次或第二次击球贴近球网并试图将球往回传时,对方不得有任何形式的拦网和过网拦网试图。

(三) 有关气排球教学的研究

邓佳伟(2020)在其硕士论文中探索了翻转课堂教学模式下的气排球教学,他认为翻转课堂教学模式中师生角色互换,使学生在学习技术上的效果和效率得到了提升,还增强了学生发现问题、分析问题和解决问题的能力。在教学实验设计上,不仅比较分析了实验对象的发球、传球和扣球技术,还采用问卷调查法比较分析学生对课堂的认同感、自主学习能力以及学习态度。经过对实验结果的分析,作者发现翻转课堂教学模式能有效提高学生的移动能力,在"传、垫、扣、发"基本技术上也比常规教学模式有所提高;且经过翻转课堂教学模式学习,学生对气排球更有兴趣,积极性更高了,对课堂也有较高的认同感。同时,翻转课堂教学模式下学生的沟通能力和协作能力比常规教学模式下的学生明显提高。

王万意(2021)以微课形式进行了高校气排球翻转课堂的教学实验,并与常规教学班级进行比较分析。该研究从学生技术水平、体质表现以及参与锻炼的态度三个方面对实验对象进行了实验前、后的测试与比较分析,得出结论:以微信群为平台展开的翻转课堂教学对学生的垫球技术、身体素质、锻炼态度方面有显著提高,有利于学生自主学习,提高学习兴趣。

蒲庭燕(2020)在其硕士论文中以微信公众平台为基础进行了高校气排球O2O的教学模式构建研究与实践,该研究指出当前正处于新冠疫情特殊时期,教学工作也要适应疫情的动态变化,而O2O教学模式正好可以弥补疫情防控期间的教学工作,在线上展开教学工作,保证"停课不停学"。作者认为O2O教学模式的开展能够为广大教学工作者提供实践依据,有利于保证疫情防控期间的教学质量。该研究经过16周的O2O教学实践得出结论:O2O教学模式下的气排球教学,学生的身体素质、气排球技术以及锻炼态度都有不同程度的提高和转变。

黄美、邓荣彪在气排球教学方法上尝试了情境教学法,他们认为,将课堂中的教学内容和活动组织设计在某一教学情境中，有利于学生更好地融入课堂并形成积极主动的学习态度。与王万意一样，有关该研究也采用身体素质、专项素质以及学习满意度三方面作为对比指标，实验结果显示，在情境教学法中，学生的身体素质以及学习满意度均有较为明显的提升，但在专项素质上尚未有明显提升。其次，情境教学法在教学氛围、同学交往以及教师的业务能力也都受到了师生的一致认可。

权翠、闫岩、曾莹（2021）在高校气排球教学中进行了"研究性学习"的路径构建的研究工作。该研究指出，研究性学习是教师引导学生将校外校内等实践内容有机结合，使学生从中选择确定研究的课堂，积极主动获取知识与能力的学习方法，着重培养了学生的自主学习、创新意识以及解决问题的能力。同时，研究还总结出在气排球教学过程中的研究性学习该如何实施，首先，教师需创设情境，激发学生兴趣；其次，突出学生主体探究，以提问式和启发式引入学习内容，引导学生发现问题、解决问题；最后，组织学生总结交流，分享方法与经验，以多元化的方式进行课堂评价，注重过程性评价。

（四）有关气排球运动其他方面的研究

乔庆森（2020）首次将"自组织理论"与大众气排球运动发展相结合，并以"嘉祥县"为例进行了探析。研究中提到，自组织理论开始于20世纪70年代，主要是阐述组织系统的产生、发展以及无序到有序的过程，强调系统的非线性、复杂性和开放性。他指出，气排球运动是一个由众多成员组成的耦合系统，因此同一活动方式也会产生不同的发展结果。在嘉祥县，气排球极受欢迎，其自组织的气排球活动非常成功，是气排球运动发展和推广的成功案例。其他社区或地方应以此为模范，充分利用气排球活动的开放性、非线性的特点，积极举办气排球活动、增强活动的多样性，丰富居民的闲暇生活。

（五）有关气排球和排球对比分析方面的研究

排球运动是气排球运动的始源，气排球项目无论是技战术还是竞赛规则都受到了排球项目极大影响，两者之间既是背道而驰又相向而行，成为彼此在发展中的"双刃剑"。因此，许多学者也就两者之间的异同与影响做出了调查与分析。

陈晓枫（2020）为了探索排球教学更好的教学效果，在教学中进行了气排球与排球的实验对比研究,旨在寻求更好的排球教学方法。该研究通过问卷调查法和实验法,分别从锻炼主观体验、对教学的认知程度、教学比赛效果以及技术掌握情况方面比较了两个教学班级的教学效果。调查及实验结果显示,气排球教学的班级学生在垫球技术上明显优于排球教学班级,同时,在学习体验和教学认知度方面,气排球教学班级的学生态度更为积极。研究认为,气排球之所以比排球更受欢迎,是由于气排球本身有着易开展、场地灵活等特点,因此,在排球教学中,教师应积极采用"混合式教学",善于利用气排球的优势特征来培养学生的学习兴趣,同时也能保证排球运动的推广。

史宏雨、陈丽娜、史亚军(2021)也试图找出排球与气排球在教学效果方面的异同以及在高职院校开展的效果,并采取实验法,分别进行了为期16周的气排球和排球教学。经过结果分析显示:①气排球教学班级的垫球、发球、传球技术均优于排球教学班级;②气排球教学后,学校参与排球或气排球运动的人数增加,运动氛围浓厚。该研究也认为,气排球教学能够拓宽排球教学的方法与手段,促进学生积极性的提高,有利于良好校园体育文化的建设。

四、我国气排球运动研究的可能方向

综上所述,气排球运动在发展过程中经历了三个特色鲜明的阶段,研究成果呈现出丰富、多元化等特点。但气排球运动在发展过程中也存在一些问题,阻碍了气排球运动在更多领域的发展成效。气排球作为一项新兴起的运动项目,不仅需要在理论上有相对夯实的基础,同时也需要政府、社会、高校等力量共同努力,齐力构建一个协同统一的发展机制,实现气排球运动在我国的全覆盖、无死角。因此,立足上述气排球运动发展存在的问题,本书对气排球运动未来的研究方向做出了以下建议。

(一)加强对气排球项目价值的深入剖析

气排球运动的价值在相关文献中多以"健身""娱乐"和"教学"方面挖掘其价值。张蕾以气排球运动进高校为切入点,探索气排球对高校校园体育文化建设、学生身心健康等方面的价值。陈筠以高校气排球教学的可行性为研究主体,阐述了在高校开展气排球教学活动中存在的教学科研价值、提高学生身心健康的价值等。纵观现有研究成果,学者对气排球运动价值研究大多还集中在健身价值、娱乐价值、教学价值的剖析。从价值观方面而言，这是由于人们的价值观在成年后具有稳定性的特点，导致对所有运动的普遍价值取向都局限在健身、俱乐、观赏和教学方面。因此，鲜有学者对气排球的社会价值、文化价值等方面出发来阐述其价值。

1. 社会价值方面

气排球作为一项运动项目在我国推广发展以来，取得了良好的社会反响，在群众中的受欢迎程度不亚于"三大球"（篮、足、排）。但在实际研究过程中，现有的气排球价值研究中更多的是对气排球的本质价值，如健身价值等的探索性研究，鲜少有学者对气排球的社会价值进行探索，这为未来学者在气排球价值方面的研究提供了方向参考。也有学者从侧面说明了气排球运动发展在社会现象中的存在价值，但尚未得出关于气排球社会价值方面的结论。因此，在日后的研究中，我们可以从社会学——气排球的社会价值方面出发，以气排球运动在社会活动中扮演重要角色为基础，探索其在社会发展过程中与运动项目本身价值的产生，为气排球运动的日后发展奠定理论基础。

2. 文化价值方面

无论是气排球还是其他运动项目，学者在该项目的价值研究方面都鲜少涉及其文化价值。文化是指在某一社会意识形态发展过程的产物，而文化价值则是该产物在价值维度或价值观上的体现。气排球运动是排球运动的延伸产物，不仅保留了排球运动中女排精神的文化价值，同时还有属于气排球自身发展后产生的文化——社区文化、校园文化、单位文化等。这些文化的产生是气排球在发展过程中陆续产生的，这也间接说明了气排球运动的群众基础之广泛。因此，未来的研究除了在普遍性较高的运动价值外，仍需以社区文化、单位文化等视角对气排球的文化价值进行探讨，并试图提出其宣传方式与途径。

（二）加强气排球运动与其他学科的交叉研究

据文献查阅工具——中国知网的相关文献检索得知，气排球与其他学科的交叉研究文献屈指可数。这也从侧面反映出目前学者对气排球运动的研究方向还没有突破体育学科的范围，研究成果也呈现出单一横向发展、缺乏纵向深入的特点。

除了陈空清、孙太华和万格格三位学者探索了气排球与其他学科的交叉研究，目前的研究文献鲜少有学者将气排球与其他学科相联系。陈空清和孙太华以气排球在我国的兴起及发展趋势的社会学分析为研究对象，探索气排球运动在发展过程中显示的社会价值。万格格以大众文化为视角，探索出气排球在大众体育中体现的运动规则大众化、运动负荷休闲化等大众文化典型特征，并认为气排球的大众文化属性使其成为全民喜闻乐见的运动项目。因此，在日后的研究中，学者们除了可以立足气排球发展过程中社会现象的社会学研究，仍需对气排球在其他学科的联合影响或作用进行深入研究，以拓宽气排球运动在各学科的影响渠道。

(三) 加强气排球教学的创新探讨

随着气排球运动在我国群众中的影响力不断扩大，气排球也逐渐进入了学前教育、中小学以及高校教学中。在探索气排球教学模式的过程中，相关文献主要呈现了从教学可行性分析到气排球教学实践的方法与策略，再到气排球教学模式的探索的研究发展特征。

丁海波探索了将气排球运动规划进中小学体育健康课程中的可行性研究，认为气排球运动能对排球教学起到正向迁移的作用。吴永刚则从高校开展气排球教学的价值分析为主体，提出了在开展过程中的场地器材、师资力量等因素的影响并做出可行性分析。何菊红研究的范例教学模式在小学生气排球教学效果，气排球在中小学的教学成效进一步肯定了气排球运动的大众健身价值与教学价值。基于目前学者在气排球教学方面的研究，可以了解到鲜少有学者探索如何构建适合气排球项目特征的独特教学模式，以及气排球项目在高校人才培养中的独立评价体系。因此，在日后的研究中，学者可在教学模式的探索基础上对气排球人才培养评价体系做出研究，以更好地培养高素质气排球人才。

(四) 加强气排球项目发展的科学性和时代性

作为一项发展历史只有几十年的运动项目，气排球无论从适应人群方面还是影响力方面都显示出了显著优势，这主要归功于它本身重量轻、材质柔软、场地限制条件少等特点，提高了其在群众体育和学校体育中开展的可行性。据了解，现有的气排球运动发展主要依靠政府主办、单位举办、机构协办、群众参与的动力组成，大型赛事的举办大大提高了群众参与的积极性，也使得气排球运动以一种文化传播的形式深深地融入了单位和群众生活。目前的相关研究文献显示，研究气排球项目发展科学性、时代性的较少，主要集中在发展现状与对策方面。张怡（2015）以 SWOT 分析法为研究方法，调查兰州市企事业单位气排球运动发展现状，并提出了相应发展策略。唐立（2019）则以湖南科技学院为调查范围，分析气排球运动的发展现状并提出发展对策。杨万展（2021）调查了天津市大众气排球运动的开展现状，结合调查过程中发现的问题，提出了针对性的发展对策。由此可见，目前学者对气排球发展方面的研究主要集中在发展现状和对策方面，对气排球运动发展的科学性和时代性等方面没有涉及。在日后的研究中，学者除了调查发展现状、提出发展策略外，还能立足气排球运动发展的科学性和时代性等方面进行研究，保证气排球运动的长盛不衰。

五、结语

回顾气排球运动在我国自诞生以来的文献刊出数量、机构分布与研究方法等情况来看，气排球运动的相关文献数量正处在稳定发展阶段，研究热度还处在较高水平，预计在发文数量上还会持续不减。据查阅文献资料，现有气排球研究显示学者已对气排球在我国的几十年发展历史的诸多方面进行了有益探索，推动了气排球运动在我国的推广和实践，增进了对气排球运动发展过程中各时期发展特征的认识，为推广策略和实践方法提供了科学依据与理论参考。总的来说，现有气排球相关文献大致可以分为以下四个方面：一是关于气排球发展现状及提出的对策；二是气排球教学，研究教学方法、教学模式等；三是气排球技战术，具体研究技战术的创新等；四是气排球运动的可行性分析，具体研究气排球运动在实施过程中的困境与策略。在研究视角方面，文献总体上显示的是以现状及可行性分析居多，高校教学位居其次，针对气排球运动的文化价值与社会价值的研究较少。对于气排球运动与其他学科的交叉研究，虽有文献涉及，但研究深度仍有待拓展。据此，本书也提出了关于气排球运动未来研究方向的些许建议：第一，加强对气排球项目价值的深入挖掘；第二，加强气排球项目发展的科学性、时代性探讨；第三，加强气排球运动与其他学科的交叉研究；第四，加强气排球教学的创新探讨。

气排球运动是新中国成立以来我国自创的第一项运动，它在一定程度上也反映了我国的政治、经济以及文化的发展水平，体现了我国群众的健身和休闲活动的需求。因此，本书建议在接下来的研究中，学者能在现有的文献基础上，加强对气排球价值的挖掘（尤其是在文化价值与社会价值上），加强对气排球运动发展科学化、时代化、可持续化的研究，加强气排球在其他学科的影响或融合研究，以及对气排球教学方法和教学模式的探索，为我国气排球运动的可持续发展提供理论基础和实践经验，不断优化发展策略，进而助力气排球运动的发展迈入新时代。

第四章　气排球运动与全民健身发展研究

第一节　全民健身的内涵研究

全民健身一词最早是在1993年4月的全国体委主任会议上提出的。1995年6月20日，国务院颁布了《国务院关于印发全民健身计划纲要的通知》，这是国家发展社会体育事业的一项重大决策。胡鞍钢、方旭东（2016）两位学者认为，全民健身是全面建成小康社会的重要保障，是健康中国建设的重要内容。全民健身是提高身体素质、增强体魄的重要举措与手段，只有人民身体健康，才能为实现全面建成小康社会添砖加瓦。《全民健身概论》指出，全民健身是指以全国人民为对象，以增强体魄、健康生活为主要目的，以多种形式和手段开展的健身活动，实现人人参与、人人健身、人人快乐、人人健康、人人幸福的体育发展总方略。全民健身已成为中国特色社会主义体育的伟大实践，是亿万群众获得感、幸福感和安全感表征的社会现象，表现出群众性、公益性、科学性、便捷性、趣味性和民族性等特点。李龙（2019）对全民健身运动理念作出了较为翔实的解释，全民健身是一种健康的生活行为方式，不再是单一的身体机械性运动，而是将运动上升为活动，使得这一形式变得更加具有综合性、科学性。

一、全民健身的特征

陈丛刊、陈宁（2022）对全民健身的内涵特征进行了全面的深刻理解。首先，全民健身上升为国家发展重大战略。2009年国务院颁布《全民健身条例》，确立了全民健身的法律地位，决定每年8月8日为国家全民健身日。其次，随着新时代中国经济的蓬勃发展，人们开始逐渐关注身体健康和心理健康的发展，日渐增长的体育活动与健身需求已经成为幸福美好生活的重要保障和体现。最后，全民健身成为推进体育强国和健康中国建设的"基建站和发电厂"，2019年中办国办印发《体育强国建设纲要》和 2016 年中办国办印发《"健康中国 2030"规划纲要》，分别对体育强国战略和健康中国战略进行了系统部署，两个国家战略均突出了全民健身的地位和作用。深入开展健康中国行动，全民健身是重要支撑。

二、全民健身的发展历程

根据搜索的大量文献资料得知，全民健身从提出到实施再到成型，依照不同时期国家政策的出台，可将全民健身大致分为以下三个阶段：萌芽期、探索期以及发展期。在不同阶段，以国家层面的文件为最高指导，各专家学者们都从不同的出发点对全民健身进行了大量且深入的研究。

（一）萌芽期（1993—1994 年）

在 1993 年 4 月的全国体委主任会议上，国家体委副主任指出，要有切实可行的计划与举措，将全民健身作为一项具体的、科学的任务在全国人民群众中推广与实施。在此期间，有多位学者就全民健身提出了自己的观点与理解，如任海（1994）认为全民健身的提出对于提高全人类的素质有着极为重大的意义，开展"全民健身计划"就当下而言是一个前无古人的伟大实践，其难度也是高之又高。计划的成功开展能够极大地促进我国体育事业的发展，在历史的进程中向前迈进一大步，能够使我国民众的体育意识、体育理论知识、体育实践能力得到显著的提高，同时能够有效地推动我国体育经济的发展。

（二）探索期（1995—2010 年）

在 1995—2000 年期间，全民健身的价值、全民健身计划的实施是学者们探讨较为集中的话题，以全民健身计划为关键词在知网进行检索，共搜到 847 篇文献，其中全民健身计划的实施有 162 篇文献，全民健身的发展有 382 篇文献之多，几乎占到了总量的一半。由此可见，在纲要提出的初期，学者们都对其未来的发展前景与计划能否顺利实施较为关注。熊斗寅（1998）从当时国际上大众体育发展的趋势联系到我国形势，为我国开展全民健身提供了经验和依据。

他认为我国推行全民健身计划贴合国际体育发展的大趋势，也符合我国体育改革的形式和要求。全民健身计划的推行标志着我国文明的发展正在和世界的接轨，促进了社会和经济的发展。同样有此见解的还有谭华（1996），他提到全民健身是世界体育发展的必然趋势，要想科技进步、产能进步、经济进步，劳动者的素质与体质起到了关键作用，全民健身计划的提出顺应了我国体育发展和改革开放的步伐，是对群众体育的延伸与展现。李宗述、陈伟、李万来（2000）等多位学者根据当时国情，认为想要推广全民健身计划还存在着发展的不平衡性这一问题，主要体现在地区之间、参与活动的人群的阶层、体育器材场馆与经费投入比不平衡的问题，而造成这些问题的原因是由经济发展的实际情况和当前民众受教育程度决定的。除了政府出台政策文件外，还应该以促进经济发展为前提来推广实施全民健身计划。陈孝平（1995）认为，全民健身能够增强国民体质，提高全国人民的身体健康水平，减少疾病发生的风险。开展"全民健身计划"能够促进人们形成科学的运动理念、合理的运动方法，培养人们形成终身体育的意识。另外，全民健身可以促进体育场馆的建设，增加体育锻炼的人群数量，有助于衍生出符合我国现实情况的本土化运动项目。同时，全民健身能够使得竞技体育的普及率大大提升，人们从不懂体育到锻炼身体再到对竞技体育项目的关注，也能够为竞技体育项目培养与输送优秀的后备人才。

（三）发展期（2011—2025 年）

以全民健身为关键词，在知网进行搜索，2011 年以后在知网上发表的学术期刊共有 4871 篇，核心期刊共有 774 篇。发文量相较之前有了大幅度的提升。究其原因，一是因为国家从 2011 年起，以五年为一个周期连续发布了《全民健身计划（2011—2015）》《全民健身计划（2016—2020）》《全民健身计划（2021—2025）》三个周期性的指导文件，对于未来五年国家群众体育事业的发展起到了引领作用。二是自 1995 年颁发《全民健身计划纲要》以来，实施的效果十分显著，我国少数民族传统体育项目得以保存和延续，还因此衍生出了我国本土化的体育运动项目。白晋湘、夏晨晨、李丽（2022）认为全民健身计划和民族传统体育共同经历了探索与推进、改革与繁荣、创新与融合三个发展历程。民族传统体育的发展是推进"全民健身计划"任务的主要手段之一，是基于我国千百年来的历史文化传承而在此基础上进行延续的过程。"全民健身计划"也恰巧是民族传统体育传承与弘扬的重要契机。罗超毅（2013）以体育强国为大背景，以发挥体育公共服务功能为切入点，分析研究了全民健身与竞技体育两者之间的关系。研究结果表明全民健身和竞技体育两者缺一不可，未来中国体育强国的建设需要两者共同进步、共同发展。在持续推进全民健身的过程中，不仅要吸取借鉴现代奥林匹克体育的优势与特征，还要高度重视我国传统历史长河中延续保存下来的优秀传统体育运动项目与中华传统养生健身观点和方式手段，符合我国当下的国情，也与中国民众生理与心理特征更为贴合。刘小静、钟秉枢、蒋宏宇（2022）从战略、运作、资源和文化四个维度对竞技体育和全民健身之间的关系进行了研究，研究结果表明战略层面协同一致是实现两者全面发展的先决条件，体育运动项目由单一化向多元化进行转变，将民族体育项目上升到规范化、科学合理的管理阶段，将竞技体育项目与民间运动提升至同样重要的地位，使我国民众能够真正地参与其中。将竞技体育人才向群众体育引流，让二者能够融合贯通，为全民健身提供技术人才的支持。在文化协同中构建以休闲、娱乐为重点的全面健身文化输出，以达到吸引更多人民群众参与到体育活动中的目的，营造良好的体育文化氛围。

在笔者查阅文献资料的过程中发现，学者们的研究对象与关注点逐渐聚焦在全民健身与全民健康这一内容上，通过搜索发现被知网收录的文章共有837篇，其中核心期刊共有187篇。全民健身与全民健康这两个词语不管是从字面意思来看还是现实意义都非常相近，全民健身是实现全民健康这一目标的必经之路，两者相辅相成。邱希、杜振巍（2021）以"健康中国2030"为大背景对全民健身与全民健康二者的深度融合发展进行分析，认为未来全民健身的发展要实现从"增强体质"向"健康促进"目标的转换，两者的深度融合涉及了体育、医疗、文化、教育、生活等多方面内容，应进行体制融合的深度创新，才能实现体医结合，实现健康中国的远大目标。张波、刘排、葛春林、马栋栋（2019）认为全民健身和全民健康两者深度融合的价值在于顺应时代的发展趋势，但在这个融合发展的过程中仍存在着管理部门管理机制不完善、两个部门的合作意识不到位、资源配置分配不合理等问题。在解决这些问题的过程中理念先行是重中之重，保持"大健康"理念是先决条件，建立各协同部门多元体制管理机制来促进社会发展和民众的身心健康。

"十三五"时期我国体育的发展取得了显著的成绩，全国各综合性赛事、单项赛事都得以顺利开展，大大提高了民众对于体育运动的兴趣与参与程度。"十四五"时期，面对着中华民族伟大复兴的战略部署和世界百年未有之大变局，体育需要立足新发展阶段，贯彻落实"大健康"为首的理念，朝着2035年全面建成社会主义体育强国的宏伟目标奋力前进。

第二节　气排球与全民健身相关的研究

姚鲆、吴志鹍等（2007）几位学者在关于气排球对全民健身的作用与推广前景的研究中表示，参与气排球运动并没有年龄和性别的限制，适宜在少、青、中、老各个年龄段中推广。经调查统计参与气排球运动对身体各器官技能都有所改善和提高，在增强体质的同时还可以舒缓压力，促进心理健康。这体现了气排球在全面健身中的健身、娱乐、舒缓压力等积极作用。刘曼（2016）表示，气排球运动具有健身性、娱乐性和教育性等特点，通过参与气排球运动，可以增强体质、愉悦身心、舒缓压力、提升身体素质。气排球运动在全民健身中发挥了重要的作用。蔡腊香（2016）也认为随着大众的生活水平逐步提高，大众认识到了身体健康的重要性，气排球作为新兴运动深深吸引着大众，其具有健身、娱乐等特点，对技术水平要求低，没有年龄、性别的限制，使得气排球迅速爆火，深受大众的喜爱。通过调查发现：①参与气排球运动对人体的神经系统有积极的影响作用；②参与气排球运动可以促进人体新陈代谢、血液循环，预防高血压等疾病，对人体的心血管系统有积极作用；③经常参与气排球运动还可以增强力量、协调、灵敏等身体素质；④通过参与气排球运动可以愉悦身心、消除烦恼、缓解压力；在获得比赛胜利后所带来的成功喜悦与自信心，对促进心理健康有着积极作用；⑤气排球活动也为大众带来了共同学习、交流的机会，形成团结协作、良性竞争的意识。

林峰、叶宝华（2007）以全民健身与体育文化为视角对气排球运动进行了探讨。研究表示，气排球运动发展至今已在全国二十多个省、市中传播推广起来，并总结出以下几点健身功效：①参加气排球运动可以使参与者舒缓压力、心情愉悦，在比赛中增强自信心；②通过对参与者进行运动前后的监测得知，参与气排球运动对人体的心血管系统功能有所帮助；③经常参与气排球运动还对神经系统功能有益；④随着年纪增大，身体各部位的灵敏反应能力逐渐下降，经常参与气排球运动可以有效调节身体各部位器官的能动性，提升关节灵活性，保持韧带弹性。

陈础（2009）以气排球俱乐部成员、教练、裁判等相关人士为研究对象，对南宁市全民健身现状进行了调查。结果表明，参与气排球运动的人群以居民和职工为主，参加运动时间一般在清晨与夜晚，周末双休时间参与气排球运动人数最多。运动形式主要分为两种，一是企事业单位组织，二是自发组织。随着人们认识到健康的重要性，对锻炼身体也越来越重视，参与气排球运动可以提高心肺功能、改善身体机能，有助于心理健康。另外，气排球运动对场地器械的要求不高，球体柔软不易受伤，对技术要求相对较低，即使是第一次接触也可以很快地融入气排球运动中。多年来，随着全民健身计划不断深入的发展，人们对身体健康和心理健康的需求越来越高，气排球运动已逐渐成为社区体育的重要组成部分。

刘红兵（2011）通过气排球的特点分析了开展气排球运动对学生的现实意义。研究认为：①学生经常参加气排球运动，可以增强体质，改善身体各器官机能，发展速度、力量、协调等身体素质；②通过参与气排球运动可以增强自信心，学会调控自身情绪，培养良好的心理素质；③通过比赛可以培养学生团结协作、顽强拼搏等优秀体育精神；④通过气排球技术的练习可以提高学生之间的配合默契度，在充分发挥个人特长的同时提升应变能力；⑤在运动中感受乐趣，在胜利中感受喜悦，培养学生终身体育的意识；⑥气排球对场地器械要求低，没有年龄、性别的限制，男女老少均可参与，经济适用又能达到大家对娱乐、健身的需求。

刘友康、高鹏辉（2016）对气排球健身价值进行了研究，结果表明，为了进一步提升全民的身体素质，国家制定了新的《全面健身计划（2016—2020）》，而气排球运动发展至今深受大众的喜爱，其运动具有强身健体、愉悦身心等价值，对全民健身技术的开展有着积极的影响作用。具体表现在：①气排球运动技术动作可以充分调动全身肌肉，有氧与无氧相结合，有助于提升人体的心肺功能和各关节的灵活度；②在赛场上团结协作最终赢得比赛胜利，从中获得胜利的喜悦感，心理得到满足，进一步舒缓工作、学习等外在环境压力，促进民众的心理健康；③通过气排球活动的组织，把民众亲密联系起来，相互配合、相互提高、共同进步，增进感情，拓宽人际交往。

魏琳、车晓波（2018）运用 SWOT 分析上海市校园气排球运动推广的情况，分析得知，气排球复杂的轮转、位置关系等规则，不利于中小学生的理解，缺乏趣味性。缺少气排球专业的教材与专业技术培训，气排球赛事较少其赛事管理也缺乏规范性，这都大大地影响了气排球运动在上海校园的推广发展。笔者表示可以把握政府对校园体育文化的重视度以及中国女排夺得里约奥运会冠军所带来的排球氛围等机遇，大力推广发展气排球运动。同时，针对问题提出了几点推广策略：①发挥校园的组织能力，加强师资力量和教练员、裁判员的专业能力培训，开设气排球专业理论知识、竞赛规则等讲座，邀请专家进行实践指导培训，从而进一步推进气排球运动在校园中的推广；②规范气排球赛事的组织与管理，举办各种形式的气排球活动，使更多人关注气排球运动，可以根据中小学生的集体情况贴合实际适当修改竞赛规则，让中小学生充分体会到气排球运动乐趣。

展利民（2019）对气排球运动的特征与价值进行研究，为促进气排球在全民健身背景下更好的发展。笔者表示，气排球相比其他类型的运动项目，技术水平要求不高，门槛低，球体质地柔软不宜受伤对练习者友好；其运动方式多样，在室外、室内开阔地区就可以进行，对场地设施的要求不高；气排球场地较小，队伍基本由4～5人组成，比赛时在场地中就显得相对集中，要求运动员身体灵活，充分体现出了气排球运动的独特性；气排球运动量可由参与者自身控制，包含跑、跳、蹲等动作充分调动全身器官。同时随着气排球运动的发展，刺激民众的体育消费，从而推动经济发展，具有经济价值；通过进行气排球运动提高创造力，培养集体荣誉感和顽强拼搏、永不放弃等体育精神；气排球运动丰富了人们的业余生活，能够增进人际交流，对社会的和谐发展有积极影响，具有较高的人文价值。

张蕾、张罗罗（2020）对气排球运动在高校的推广价值进行研究，并从全民健身战略方面，分析了气排球在高校推广的必要性。笔者表示，体育运动已成为国家事业发展的重要组成部分，气排球运动对大众体育运动的普及和全面健身运动发展有着积极的推动作用，随着在高校中的推广，既能丰富学生课后体育锻炼形式，促进学生身体素质的发展，也能使高校体育文化的建设朝着多元化发展。并且，气排球运动对学生身心健康全面发展有着积极的作用，通过气排球技术的学习也提高了学生毕业走进社会后的适应与交往能力。

王益平（2023）针对气排球运动在全民健身推广过程中存在的价值以及意义进行分析，研究得出，气排球运动本身具有健身性，能够充分调动运动者的全身的肌肉，促进身体各部位关节的灵活性；在运动的过程中能够体会到气排球运动带来的乐趣，充分参与其中，同时也具有较强的观赏性；在运动的过程中能够加强团队的配合，使身体和心理素质同时得到提高，在全民健身推广的过程中起到了积极的促进作用。但是当前面临的主要问题是民众的参与积极性不足，因此，需要继续加大推广力度，丰富气排球活动内容，吸引民众积极参与其中。

杨创（2023）从健身、休闲、社会三个切入点深度分析与探索气排球运动在全民健身推广中带来的价值，研究得出，气排球运动不仅有助于促进身心健康，帮助运动者养成健康科学的生活习惯，还具有娱乐大众、竞赛观赏性的价值，能够为国家和地方带来经济收益，推动体育品牌的经济发展。同时，气排球运动打破了参与人群的年龄限制与技术壁垒，让更多的青少年参与其中，培养了他们对气排球的兴趣与热爱，为三大球之一的排球项目提供后备人才的支撑。最后为推广气排球运动提出建议：①利用网络媒体增大宣传推广力度，借助体育明星的流量与热度建立积极的舆论导向。②增加各项赛事举办的次数，扩大赛事的举办规格，使其规范化。③纳入教育系统，增设相关体育课程，加强体育场馆设施建设。多管齐下，使气排球运动能广泛的辐射到多层次、多阶段人群。

赵振红（2022）主要对中老年人在气排球运动中的获得感与价值作用进行研究，结果表明，气排球运动在中老年群体中有着极大的健身功能与价值。气排球运动的项目特点是来回球多，对决的过程激烈且精彩，对参与者技术的要求不高，人们的上下肢都能得到锻炼，同时还能促进人与人之间的交流和联系，培养团队协作的默契能力。此外，随着气排球运动变得越来越大众化、全民化，除了学校与俱乐部，不少企事业单位也逐渐增设了单位气排球队伍，从而增加了对气排球教练员和社会指导员岗位的需求，刺激了就业的发展，促进了社会的和谐发展。

黄强、黄涛（2021）以"终身体育"为视角与大背景，对中老年气排球运动的价值、潜在可能会发生的风险以及风险管理进行了研究。中老年气排球运动越来越受欢迎的内在原因是我国自 2016 年后逐渐步入老龄化社会，老年人的人口占比越来越高，随着社会的发展和健康中国战略的提出，中老年人对身体健康和心理健康的需求越来越迫切，广场舞、暴走团等大众健身运动得到了大范围的推广，而气排球运动因其独特的魅力在中老年群体中备受欢迎。然而，中老年人在参与气排球运动的过程中可能会出现受伤的情况，这些情况具有客观性、突发性、严重性、复杂性。因此，总结应对措施，尽量规避风险、降低风险，对于气排球运动的在大众体育中的顺利推广至关重要。

刘浩月、李嘉成（2020）对 2013—2016 年气排球运动规则与 2017—2020 年最新修订的规则中的演变与修改进行研究，2017—2020 年规则对比赛用球的颜色、周长、重量和气压都进行了改动。在发球方面，加设了两条跳发球的限制线，必须在端线处一米线后起跳发球，给予了接发球方更充足的准备时间，增加比赛的观赏性。比赛队伍的组成由原来的 6 名队员增加到了 10 名，每局哪支队伍先拿到 21 分并且比对面高出两分则获胜，决胜局哪支队伍先拿到 15 分并且比对面高出两分则为胜利。新规则还对过中线、拦网、触网犯规作出了更为详细的改进，能够在一定程度上降低运动意外发生的概率，提高比赛的安全性。裁判方面，除必要情况第二裁判也无须跟随第一裁判做出判罚手势。新规则的改动是基于气排球运动本身发展的需求、运动员的需求、气排球运动技战术发展的需求等多方面考虑，随着规则的完善程度越来越高，群众对气排球运动的参与程度和认可程度也得到了逐步的提升。

第五章 体育强国建设背景下气排球产业发展研究综述

体育作为提高国民素质,展示国民精神面貌的重要手段,自然应担负起新时代国家赋予体育的重要责任与义务。新时代,国家将"体育强国建设"放在事业发展的突出地位。气排球作为我国首创的新型运动项目,与排球相比气排球材质更软、体积更大、重量更轻、球速更慢、安全性更高,相较排球更易上手,对参与人群的身体素质要求相对更低,具有良好的健身、娱乐和观赏特性。推广气排球项目具有健身健脑、娱乐身心、增强人际关系、促进个体社会化等价值,与体育强国建设所要达到的目标相一致。因此,应加大气排球项目推广力度,让更多人参与进气排球运动,助力体育强国建设。气排球产业的发展对于助力体育强国建设、促进气排球项目开展具有提供资金支持、改善体育设施、培养竞技人才、促进全民健康、促进经济发展等价值。基于此,气排球产业发展相关研究引起了学者的关注,一些研究成果也取得了良好的社会以及经济效益。本研究以知网收录的期刊为主要检索源,以报纸、新闻、学位论文为辅,分别以"体育强国""气排球产业"为关键词进行检索。对现有的研究成果进行统计、梳理、分析,盘点当前研究趋势,梳理其中存在的不足,展望未来趋势,以期继续深化后续研究,促进新时代我国气排球产业发展,助力体育强国建设。

第一节 体育产业相关研究

一、体育产业内涵解读

体育产业是一个综合性的经济活动,包括体育用品生产与销售,体育场馆建造与运营、体育赛事组织与策划、体育教育与培训、体育表演与设计、体育旅游等产业。体育产业总体归属于第三产业，其发展目的与宗旨是满足大众多元化的体育需求，提升居民生活质量，满足大众对于美好生活向往的需求。我国体育产业自20世纪90年代开始形成，随着经济的高速增长，体育产业也取得了较好发展，相关研究成果逐步增多。

卢元镇、郭云鹏（2001）对体育产业发展过程中的概念以及特点进行了总结，指出体育产业是指基于体育活动开展产生效益的企业公司的总称。广义的体育产业是指与体育活动相关的一切可以产生效益活动的综合，包括物质、精神以及体育教育、培训、表演、中介等服务性活动。狭义的体育产业是指进入体育市场获取利润的企业。鲍明晓（2005）对我国体育产业、市场、消费等概念进行了梳理，指出体育产业是指生产和提供体育商品服务经营企业的集合体，其基本属性包括体育娱乐业、体育服务产品以及与产品相关的上下游产业的总和。史红军（2001）对体育产业归属问题进行了研究，指出生产体育产品和体育场馆设计与建造并非属于体育产业，如运动服应属服装制造业，体育场馆建造应属建筑行业。李建设、童莹娟（2006）同样对体育产业分类归属问题进行了研究，指出体育产业介于第二和第三产业之间，如体育商品制造与销售属于工业，体育教育与培训属于服务产业。

综上所述，体育产业是指一切向大众提供体育商品、体育服务的总和。其包括体育赛事、体育管理、体育场馆建造运营、体育广告、体育教育等与体育活动相关的业态的总和。

二、体育产业发展相关研究

进入21世纪，我国经济由高速增长向高质量发展转变。体育产业作为新兴产业具有重大市场潜力和发展空间，基于此我国将体育产业作为新的经济增长点。2019年国务院办公厅印发了《关于促进全民健身和体育消费推动体育产业高质量发展的意见》，其中对促进体育产业发展的各项扶持措施进行了详细阐述，旨在解决体育产业发展中面临的困境，促进体育产业实现高质量高水平发展。

(一) 体育产业发展困境研究现状

黄海燕、张林 (2016) 结合当下背景对我国体育产业发展目标和具体困境进行了分析，研究指出当前我国政府对体育产业发展政策支持力度不够，体育版权、品牌赛事举办等资源供应不足，体育活动虹吸效应较弱，无法带动广大社会群体参与到体育事业发展过程中。于俊振 (2020) 指出，目前我国体育产业市场逐渐形成了一定的规模，但仍然存在产品类型单一、市场经济份额占比较小、政策支持不足、产业结构不合理、市场规范性不够等问题。邓超 (2020) 指出，我国体育产业中健身休闲、组织管理等不属于体育产业支柱性产业，当前我国体育中介、体育训练服务等行业规模有待提升，体育各行业间互动较为薄弱，未能形成良性互动局面。

(二) 体育产业发展困境原因分析

何强 (2023) 运用文献资料法分析了国外体育产业发展的优秀经验。研究指出，我国应从服务、法律、布局这三个方面完善体育产业发展政策体系；体育企业应聚焦大众多样化需求，开发体育服务内容；加大政策支持解决体育科技创新急缺的高素质人才问题。段娟娟、李荣日 (2023) 以协同学、耗散结构为理论基础，运用专家访谈、实证研究法分析了体育产业发展的动力因素及发展路径。研究指出，外部客观环境是体育产业发展的重要助推动力，科技创新和大众体育消费是体育产业发展的自身动力。因此，应从强化体育产业外部发展环境、聚焦创新驱动战略、不断提升产业供给质量、激发大众体育消费需求这几个方面着手推进我国体育产业发展。孙侃然、康露 (2023) 从我国人口转型视角切入，提出了新时期我国体育产业发展新的对策。研究指出，新时期我国体育产业发展要牢牢把握人口老龄化和新生儿增速放缓这两个基本国情，抓住老年、青少年体育产业发展机遇，优化体育产业发展布局。黄海燕 (2022) 以问题为导向，系统分析了我国体育产业发展方式、模式、体系以及体育产业间深度融合发展面临的困境。研究指出，我国体育产业由高速发展向高质量发展转变，由政策推动向需求拉动转变，由资源驱动向创新驱动转变，由政府主导向产业主体转变。

(三) 体育产业发展对策

徐开娟、黄海燕 (2019) 在梳理我国体育产业发展重要问题时指出，发展我国体育产业应确立体育活动场所经营、体育赛事经营、体育商品经营的主导地位，将加快休闲体育产业发展作为重点，进一步优化体育产业结构。李超、王正宝（2021）从创新驱动科技支撑视角分析了我国体育产业发展的趋势，研究指出加强科技创新，积极研发科技赋能性体育产品，提升我国体育产业科技水平是助推我国步入体育产业发展强国行列的必由之路。李在军、李正鑫（2023）以信息化、数字化助力体育产业发展为切入点展开研究，指出数字经济赋能可以降低体育产业交易成本、提升体育产业交易效率以及产业质量水平。应进一步强化政府总体调控职能，激发体育产业大众参与活力，对各类别体育产业进行合理配置，推进体育产业间的融合发展，加强体育产业人才培养，为助力体育产业高质量发展。

综上所述，我国体育产业相关研究成果比较丰富，体育产业理论体系不断完善，研究视角逐步拓宽，丰富的理论研究成果为我国体育产业发展奠定了深厚的理论基础。但对于具体行业的相关研究还比较薄弱，应以规范理论体系为依据，聚焦具体产业发展进行针对性研究，提出更有实践参考价值的实证研究，提升理论向成果转化的效率。

第二节　体育产业在体育强国建设进程中所发挥的作用

"体育强国"的外延涉及大众、竞技、学校、产业发展等各个方面。国家体育总局局长对建设体育强国发展体育产业作出重要指示："体育产业要不断扩大产业规模、丰富产品内容，满足大众多样化的体育需求以及对健康美好生活的需要。"体育产业发展是体育事业发展的基石，主要体现在：①为大众体育、学校体育、竞技体育提供基础物质生产条件。②为大众体育、学校体育、竞技体育提供体育服务和体育精神商品。③随着我国竞技体育职业化、体育协会改革和职业体育赛事的发展，竞技体育和体育产业融合发展的程度更加紧密，两者相互促进相互提升。体育竞赛、体育表演、体育广告、体育培训等体育产业以竞技体育为依托，在促进经济增长的同时又促进的竞技体育事业的发展，取得了双赢的效果。④体育产业发展在促进我国经济健康可持续发展过程中发挥着重要作用，《体育产业发展"十三五"规划》明确指出，要充分发挥体育产业在促进经济增长新动能方面发挥的积极作用。许智勇（2023）在《体育强国视角下体育产业发展模式创新研究》一文中指出体育产业在体育强国背景下迎来了全新发展机遇，相关产业应借助国家政策支持，努力实现创新发展，满足人民大众多样化的体育需求。政府应努力调控优化产业结构，激发市场活力，鼓励并扶植一批优质体育产业品牌，确保体育产业获得高质量可持续发展并助力体育强国建设，发挥体育产业在经济发展过程中的价值功能，不断提升产业经济份额占比。魏琪嘉（2023）在《体育产业高质量发展助推体育强国建设》一文中指出，体育是满足社会大众对美好生活向往的重要实现途径，体育产业发展同时肩负着促进经济发展和社会民生两项重担，体育产业发展是体育强国建设不可缺少的重要组成部分。因此要高度重视体育产业发展，在促进体育产业发展过程中应坚持问题导向，聚焦体育产业全面发展、挖掘体育产业发展潜力、加强政策协调支持，加快推进体育产业高质量发展，推动体育强国建设。

综上所述，体育产业发展的最终目标是满足人民日益增长的体育需求，作为健康、朝阳产业理应在体育强国进程中发挥其应有的价值。加快体育产业高质量发展助力体育强国建设应持续推动体育产业供给侧改革、提升体育服务产业发展质量、坚持创新驱动体育产业发展，积极寻求体育产业同其他业态的融合发展路径，推动体育产业融入大众生活的各个层面满足人民的体育锻炼和健康需求。

第三节　气排球产业发展助力体育强国建设相关研究

一、气排球产业促进经济发展助力体育强国建设

（一）国外排球产业促进经济发展相关研究

国外气排球发展尚未得到较好普及，相关文献较少，因此以排球产业发展作为检索词进行检索。国外排球产业发展相对 NBA、超级碗来说较为滞后，尚未形成完整、成熟的产业链，但良性循环的市场正在逐渐形成。从国际层面来

看，俄罗斯和意大利是排球产业发展较好的两个国家，其排球产业发展主要依托以下三个方面：①国内联赛和国际大型比赛的承办。②投资大额资金，挖掘并培养优秀运动员以及从国际上吸引众多高水平运动员。③善于借助新媒体优势，扩大排球曝光度不断提升排球的影响力。日本对于排球产业发展所采取的策略是以政府为主导，引导和规范排球体育市场发展。在政府的有效引导下日本企业积极组建排球俱乐部，不仅促进了排球运动在国内的推广而且大大提升了日本排球的竞技水平。随着排球项目在日本全国范围的推广，大众的参与度逐渐提高，对排球产品的需求也逐步增多，由此诞生了米卡萨（MIKASA）、普利司通（Bridgestone）、优科豪马、邓禄普等众多国际知名排球品牌。这些知名排球品牌在促进经济发展的同时又反哺竞技体育的发展，实现了竞技体育和体育产业良性互动协调发展的局面。

综上所述，可从国外排球产业发展总结出以下几点经验：①多渠道资金来源支持，为排球产业发展提供充足的经费。②借助信息化赋能，逐步扩大排球的影响力，创造大众排球产品服务需求。③以大众排球产品服务需求为契机，为相关体育企业的诞生创造更多契机。④将市场作为排球竞技人才培养的重要基地，实现体育场地和竞技体育的深度融合协调发展。⑤政府主导，良性调控确保排球产业逐步适应并顺利融入市场发展。

（二）我国气排球产业促进经济发展相关研究

在知网检索与气排球产业相关文章不多，因此以排球产业为关键词进行检索，期望以此管窥气排球产业的发展。毛备密（2023）对我国排球产业十几年的发展进行梳理指出与国外排球产业发展相比，我国排球产业起步较晚，经过十几年的发展已初具一定规模，经济上的冲突逐步减少。但仍存在一定的问题，排球联盟的管理过于片面，过多关注与排球赛事相关的活动而忽略了全面管理，对于排球运动员转会、保险、媒体转播等方面的关注较少。其次，排球产业机构的部门还不够完善，因此在处理训练、比赛和产业市场方面萌生出诸多新的问题。云吒（2019）采用文献资料逻辑分析等方法分析了我国排球产业发展现状，指出当前我国排球产业理论相关研究较少，不能满足排球产业发展指导的需要；排球联赛关注度不够，品牌效应较差；排球俱乐部职业化程度较低，缺乏专业的运营管理人员，并基于此针对性提出了排球产业发展的相关对策。问梅、李俊

(2017)对我国发展较好的足球产业和排球产业进行对比发现，排球产业发展存在联赛体制不合理、俱乐部运营效率缺乏、俱乐部市场参与程度不高、运动项目的曝光普及率不足等问题，并针对问题提出改进联赛体制、重构排球俱乐部运营机制、丰富青少年排球运动员培养体系等借鉴对策。

综上所述，体育消费是体育产业、体育事业发展的基石，而体育消费的主流人群是广大的群众基础。因此，气排球产业要想取得一定的成效来助力经济发展，首先就需要广泛的群众基础。作为排球家族重要一员的气排球，在全国普及率不高只在少数几个南方省份推广得较好，群众基数有待提升。气排球因其自身的特点，较为适宜老年人参与。随着我国人口老龄化的逐步加深，气排球产业市场在我国有着广阔的发展前景。各地区政府部门应持续加大气排球项目的推广力度，大力培训气排球社会指导员，组织学校、单位、市场等各级联赛，不断增强气排球的曝光度，扩大气排球群众基础，创造并满足更多群众的气排球锻炼以及消费需求。推动气排球产业发展在助力我国经济增长的同时，还能激活气排球运动的隐藏效应，增强中老年人身体素质，降低我国医疗养老压力，助力我国健康老龄化。

二、政府部门规范气排球产业发展助力体育强国建设

政府部门在气排球产业发展过程中发挥着重要作用，不仅可以提供相关政策法规来促进气排球产业健康发展，如制定相关优惠政策，财政补贴等来激活市场参与活力；还可以发挥其组织协调作用，促进气排球企业之间的合作交流，帮助双方达成互利共赢的合作目的。此外，政府可通过官方渠道宣传推广，提升气排球企业的知名度和影响力，从而促进气排球产业的健康持续发展。

程茜（2022）在《浙江省气排球运行模式》一文中指出，我国气排球运动项目的开展推广主要采用以政府部门宏观调控指导，各部门分工协作，全社会广泛参与的自上而下管理推进体制机制。在这种运行机制下，政府部门负责主要人力资源管理和经费资金投入。在这样的管理运行体制机制下，我国气排球事业的普及推广工作主要依靠政府部门来完成，气排球产业公司（包括气排球企业、体育行业）的存在感不强，参与积极性不够。

蒋诗泉（2002）在从体育俱乐部和大众体育发展的视角切入，指出由于缺乏

产业市场的催化规范，导致我国群众体育活动、体育俱乐部的组织组建大多是群众自发形成的，俱乐部、培训班、相关赛事的组织管理比较混乱，无法承担起大众气排球事业发展的重任，这在一定程度上制约了我国气排球产业和气排球事业的发展。

白喜林（2000）采用案例分析法研究了我国排球俱乐部的管理运营现状，指出我国排球俱乐部存在管理理念陈旧、运作经营不善、收益渠道单一等问题，这些问题不利于我国排球事业的发展。为保证我国排球事业健康可持续发展，应不断拓宽排球产业市场经营渠道，大力拓宽排球产业市场，放宽排球产业的经营权限，鼓励排球产业市场根据自身情况，采用多种形式多种方面培养孵化排球产业市场，促进大众排球市场的发展。

薛文敏、彭中东（2006）对湖北省气排球俱乐部的运行、管理、经营等方面存在的问题进行了分析，研究指出社会市场管理调控对于企业俱乐部的发展和社会体育事业发展具有重要作用，政府部门应继续规范、强化气排球俱乐部、气排球产业的经营管理，努力挖掘气排球产业市场的经济功能和社会服务功能，承担起助力大众气排球事业和国家经济发展的重任。

方安、刘春光（2019）运用数理统计、逻辑分析、文献资料等方法，以广西第十二和十三届气排球比赛为研究对象，对广西大众气排球赛事的管理模式、管理体系进行了分析。研究指出广西气排球赛事存在市场化运作薄弱、赛事管理松散、赛事宣传手段单一等问题，未能很好地发挥赛事的辐射推广宣传效应。基于存在的问题，提出了发挥相关政府部门调控功能，深化放管服管理运行机制，激活气排球产业市场活力；继续深化气排球竞赛规则改革，提升项目比赛本身的吸引力；健全赛事管理体制机制，规范赛事实施流程；培养高素质气排球人才，提升办赛质量等对策，逐步推进气排球赛事向市场化、商业化方向迈进。

综上所述，政府部门在气排球产业发展过程中发挥着重要作用。当前我国专门从事气排球运动推广的人员不足，专业人才和针对性政策缺乏，导致气排球运动宣传不够到位、赛事组织不够规范统一。这些问题在一定程度上制约了气排球产业的发展。政府部门应持续发挥自身的主导作用，致力于提升对社会企业、民间气排球团体的引导管理职能，规范化组织各级各类气排球比赛，不断向大众群体普及气排球运动，加强对品牌赛事和优质体育企业的宣传，激活气排球产业进军体育产业市场的积极性。

三、气排球产业促进大众体育发展助力体育强国建设

体育产业包括体育物质产品、体育精神产品、体育服务产品的生产以及销售的总和，而体育消费是体育产业发展的最终归宿。体育消费的主体是最广泛的社会大众，体育产业为社会大众提供了广阔的物质、空间、精神选择，而社会大众又为体育产业提供了广阔的生存空间，助推了体育产业和经济发展。因此，体育产业的发展与大众体育密切相关。体育产业是经济高质量发展的重要标志，对于引导居民养成健康生活方式、提高生活质量具有重要意义。体育产业政策的颁布实施是推动体育产业发展的重要保障，为推动我国体育产业发展我国先后出台了《关于加快发展体育产业促进体育消费的若干意见》《关于促进全民健身和体育消费推动体育产业高质量发展的意见》等政策文件，随着一系列体育产业相关政策的颁布，我国体育产业规模不断壮大，产业基础不断夯实。林峰、叶宝华（2017）采用文献资料、逻辑分析等方法从全民健身和体育文化发展角度对我国独创的气排球运动进行分析，研究指出我国独特的文化造就了集观赏、娱乐、健身于一体的气排球运动，不仅满足了大众参加竞技排球门槛较高的需求，还有利于推进我国中老年体育事业的发展，助力健康中国建设。韩建阳（2010）对气排球在老年群体中推广普及的意义与价值进行分析，提出气排球运动是一项集健身、娱乐、观赏于一体的运动安全系数较高、身体素质要求门槛较低的游玩体育项目。除此之外，气排球运动可以较好地培养参与人群团结协作的集体主义精神，能大大拓宽参与人群的活动空间，帮助大众在运动过程中享受乐趣、增强体质，满足人民大众在精神层面对美好生活的向往这一现实需求，能有效助力我国健康老龄化社会的实现。

四、气排球产业强化体育赛事品牌打造助力体育强国建设

项目产业发展是项目本身发展的重要催化剂。聚焦气排球产业的发展，在一系列政策的加持下，我国气排球产业发展取得了一系列成绩。首先，气排球产业大大促进了我国气排球项目的普及，越来越多的人群开始关注并参与到气排球运动中来。众多气排球相关企业品牌如恒佳、红双喜、米卡萨等，积极赞

助大众气排球比赛，如广西的气排球品牌赛事"恒佳杯"、西昌的"萨马兰奇杯"等众多品牌赛事，积极赞助投身于大众体育的推广活动中。在众多气排球产业的赞助支持下，学校、社区、单位纷纷开展气排球比赛，大大提高了气排球项目的认知普及程度，推动了更多的社会群体参与到气排球运动中来。

随着越来越多的社会群体参与到气排球运动中，逐渐产生了更多气排球器材、场地、培训等的需求。这些需求又继续反哺气排球产业的发展，两者之间形成了良性互动，互相促进。刘利鸿、葛春林（2015）运用文献资料、数理统计等方法，对我国大众气排球在全国的推广情况进行了调研，研究结果显示我国大众气排球在南方推广普及的程度优于北方；气排球比赛经费的来源逐渐由政府部门单独拨款向公司企业赞助方向发展，经费来源渠道越来越多；国家级、省级气排球协会的管理逐步完善，但市级及以下机构的管理还存在混乱的情况；统一的气排球赛事规则得到完善，大众气排球活动的开展质量以及借助气排球比赛促进大众气排球运动的推广宣传工作取得了较好成效。

随着气排球运动在全国各地逐步推广，气排球运动迅速跻身为大众赛事行列。与此同时，大力推广气排球品牌赛事既是气排球产业发展的需要，也是加快推进气排球事业发展的需要。因此，众多学者对于气排球赛事进行了研究。马滢（2019）采用文献资料法对气排球赛事的特征、重要性和发展历程进行梳理，研究发现，气排球因其价值的多元性、运动本身的趣味性、动作简单易学等特点，逐步从企事业单位向社会大众和学校领域拓展，赛事推广范围不断扩大。许广超、葛春林（2022）对我国沙滩排球赛事市场化运作现状以及面临的困境进行分析，指出沙滩排球有利于提升城市形象，带动体育产业发展。应出台相关政策，鼓励企业单位组织创建职业沙滩排球俱乐部，激活社会力量推广沙滩排球产业大众市场。罗俊波、楚爱英（2022）采用文献资料、数理统计等方法对广州大众气排球品牌赛事推广的背景、必要性进行分析，研究发现，广州气排球品牌赛事在《"健康中国2030"规划纲要》《全民健身计划》等顶层政策的加持下，立足本土积极制定《广东省全民健身计划》，在本土政策的加持下，更有利于推动社会力量举办比赛的积极性。打造气排球品牌赛事迎合了广州大众体育发展的需要和广州气排球运动发展的需要。由此，一系列满足广州各年龄阶段、各职业群体的品牌赛事如"体彩大乐透"气排球公开赛、"恒佳杯"气排球公开赛、"人保杯"气排球公开赛等在广州迅速蔓延开来，形成了"政府引导、社会推动、市场发力"的群众气排球体育赛事新发展局面。但是，在取得一系列成绩的同时，也存在着公开赛群众参赛规模不大、赛事规范性有待加强、经费不够充足、宣传手段过于传统单一、办赛理念欠缺、赞助商不固定等问题。针对以上不足作者针对性地提出了完善办赛模式、积淀赛事文化、做好人才培养、提升办赛水平等策略。王越茂华、乔昕鹏、徐赟（2023）采用文献资料、数理统计、问卷调查等方法对银川《我要上全运》气排球赛事进行分析，指出银川市气排球赛事存在政府部门重视程度不足、经费投入欠缺、场地资源无法满足大众锻炼需要、缺乏社会指导等问题，并针对性提出了提高政府部门重视程度、加强社会指导、增加资金投入支持、完善硬件设施配套等建议。聂晶、时立新、李霞（2017）通过对湖北省气排球比赛（宜昌站）的参赛队伍进行研究，透视湖北省气排球开展现状，研究指出湖北省部分市区气排球发展迅速，在参与人数、技术水平上有较大区别。通过对开展较好的市区进行总结，提出湖北省各市要大力发展气排球俱乐部和气排球协会、加大学校气排球项目赛事推广力度，以此推动湖北气排球事业的发展。

杨枝创、陈晓龙（2012）对广西红水河流域开展的绣排球比赛项目的经济和社会价值、赛事布局和战略规划角度进行了分析，探讨了广西绣排球比赛市场化运作的价值和可行性。研究指出绣排球运动市场化运作符合当下市场经济发展的需要，且在理论和实践层面具有可行性。

综上所述，气排球产业与大众气排球事业两者相互促进、相互提升。从群众体育视角来说，气排球产业的发展可以为大众气排球事业提供优质场地器材、培训服务等需求，满足群众日益增长的气排球锻炼需求。从气排球产业视角来讲，大众锻炼需求的增加势必会带来新的体育消费需求，从而达到助力气排球产业和经济发展的目的。气排球产业想取得新的增长，必须回归到大众气排球氛围打造的道路上。当前，气排球产业推进群众气排球事业发展所采用的主要方式是对品牌赛事的赞助支持。随着我国老龄化的到来，大力推动气排球赛事具有很大的市场前景，但由于缺乏商业化的运作，导致气排球产业赞助的赛事不能够产生规模性经济效益，缺乏广告商、赞助商的加盟，尚未形成以赛养赛的良性运作机制。

下篇 实践部分

第六章 气排球技术

第一节 气排球技术基本理论

气排球技术是指参赛队员在气排球比赛规则允许的条件下，采用的各种合理合规击球动作和配合动作的总称，是气排球运动的基础和重要组成部分。气排球技术具有攻防两重性、时间短促的特点，主要由手法和步法组成，同时与视野活动、躯干活动和意识活动配合并融为一体。

一、气排球技术分类

气排球技术分为无球技术和有球技术，如气排球正面扣球技术动作要求运用技术的队员按照一定的运动次序，在合适的、恰当的时机在本场球网上空扣击气排球，目标实现过程包含准备姿势、助跑、摆臂、起跳、空中姿态、挥肩转体、全掌击球和缓冲落地。无球技术也称为配合动作，主要包含准备姿势、移动和各种掩护动作；有球技术主要包含传球、垫球、扣球、发球和拦网，以及气排球独具特色的下手抖击球和双手挡垫球。

二、气排球技术特点

气排球属于排球的其他运动形式，是排球运动的衍生体育项目，具有排球技术特点的同时又有独具特色的技术特点。

(一)具有排球的技术特点

第一,完成各种技术动作的时间短促;第二,各种技术动作都是球在空中飞行时完成;第三,大多技术具有攻防两重性;第四,除发球外身体各部位都能触球。

(二)独具特色的技术特点

气排球下手抖击技术包含气排球实践中通称的"捧""捞"和"托"等一传击球技术,动作特点是运用手指、手腕灵活的击球动作。动作方法采用半蹲姿势,两臂自然放松弯曲置于胸腹前,两手触球时,十指自然弯曲张开成半球状,以增大触球面积,手腕稍后仰,击球时手腕、手指向前抖动。

气排球双手挡垫技术包含气排球比赛实践中通称的"插托""搬挡""阴阳手"和"太极手"等一传技术,既可用于接大力发球和强攻扣球,也可用于接球速度快、力量大、球体朝向胸腹部运行的球。动作特点是两手触球时,十指自然弯曲张开,两手掌根相靠,形成近似垂直角度,运用手指和全掌弹击来球。

第二节 气排球技术力学因素

一、起动和制动技术动作力学因素

(一)稳定角

稳定角就是人体重力作用线和重心至支撑面边缘相应的连线间的夹角。稳定角越大,稳定程度也就越大。气排球运动员在场上的平衡稳定与支撑面大小、重心高低、稳定角大小三个因素有着密切关系。

(二)蹬地角

人体蹬地作用力与地面的夹角称为蹬地角。蹬地角越小,支撑反作用力的水平分力越大,起动时的速度越快。

(三)起动

起动是气排球队员在球场上由静止状态变为运动状态的一种脚步动作,起动的快慢是移动的关键。起动的力学原理是破坏原有的身体平衡,在起动方向上的稳定角要小，支撑反作用力要大，蹬地角要小。

(四) 制动

人体从运动到静止的过程叫制动。影响制动快慢的因素是支撑反作用力的大小和；支撑反作用力与地面夹角的大小。

二、垫球技术动作力学分析

(一) 手臂角度对垫击球的影响

手臂垫击平面与地面夹角的大小直接影响着击球的效果。夹角大，垫击球弧度低；夹角小，垫击球弧度高。

(二) 垫球技术中对反弹力的控制

球体与固定的垫击面碰撞后，反弹的速度将小于碰撞前的速度。当来球力量大、垫球距离短时，则要采取相应的缓冲动作；反之，则应加大抬臂迎击球的力量，才能将球送到位。

三、发球技术力学分析

(一) 加速与缓冲

气排球击球动作按用力特点分为加速和缓冲两种类型。发球、扣球、拦网、垫球等属加速击球动作；垫重球、传重球等属于缓冲击球动作。

(二) 角度

角度是一个数学概念，用于描述角的大小。球的飞行轨迹受开始飞行时的角度影响。

(三) 作用力

在击球角度固定的情况下，球飞行抛物线受击球时作用力大小的影响。

(四) 旋转

击球时，作用力未通过球的重心，导致产生转动力矩。

(五) 飘球

飘球产生的原因主要有：一是作用力通过球体重心；二是击球引起球体的振动，击球时球体单位面积受到的压力使得球体变形，使球体两侧产生不同的压强差，导致球体产生飘晃；三是不旋转的球，因受空气阻力影响，速度逐渐减慢，球就会遇到近两倍的强大压力，造成球突然失速，改变飞行路线。

四、传球技术动作力学分析

传球动作依次是蹬地、伸膝、伸腰、伸臂、伸肘、抖腕、弹指的屈伸，以及来球的反弹力等用力顺序，进而将球传出。传球关键技术是伸臂和手腕、手指的紧张用力，球压在手指上产生的反弹力将球传出。

五、扣球技术动作力学分析

扣球技术包括准备姿势、助跑、起跳、空中击球和落地。其中空中击球动作是扣球技术动作结构中的关键环节，它直接影响着扣球的质量和效果。

(一) 起跳

起跳属跳跃技术，分为着地、缓冲、蹬伸三个互相衔接的过程阶段。运动员起跳时腿部的发力直接决定着腾空的高度与方向，运动员施加给地面的作用力越大，地面对人体的反作用力也越大。

(二) 扣球的鞭打动作

扣球鞭打动作是指队员手臂挥动击球时，以上臂带前臂、前臂带手腕的抽打动作。根据力学原理，动量传递依靠人体上肢许多块灵活而有力的肌肉形成鞭打动作。

六、拦网技术动作力学分析

拦网起跳前，运动员要充分利用手臂的摆动协助起跳，拦网起跳时下蹲阶段要加快速度，更利于起跳蹬地腾空拦网。

第三节 准备姿势与移动

一、准备姿势

(一) 准备姿势动作分析

运动员在起动、移动和击球前所采用的合理的身体姿势，称为准备姿势。

准备姿势根据身体重心的高低，分为稍蹲准备姿势、半蹲准备姿势和深蹲准备姿势三种。

气排球比赛最常用的准备姿势是半蹲准备姿势，两脚开立略比肩宽，两膝弯曲，脚跟自然提起，上体前倾，重心靠前，膝部的垂直线应在脚尖前面，两臂放松，自然弯曲置于腹前，两眼平视，注意来球，两脚始终保持微动。

（二）准备姿势的教学顺序与步骤

1. 教学顺序

准备姿势首先学习半蹲准备姿势，再学习稍蹲准备姿势和深蹲准备姿势，之后结合移动完成原地准备姿势练习和移动后转换成准备姿势练习。准备姿势和移动的教学应同步进行。

2. 教学步骤

（1）气排球准备姿势与排球准备姿势动作相同，组织学生观看排球运动的准备姿势，并尝试自己模仿练习。

（2）教师讲解并示范半蹲准备姿势。

（3）组织练习应由原地学习到移动中学习。

二、移动

（一）移动动作分析

运动员从起动到制动之间的位移和动作称为移动，其过程包括起动、移动、制动三个环节。

（二）起动

起动是指从静止到移动发力动作的过程。起动的快慢是移动的关键，起动的速度取决于反应能力和腰腿部的速度力量。技术要点是抬腿蹬地，破坏平衡。

（三）移动步法

（1）并步。并步由半蹲准备姿势开始，并步时前脚向来球方向跨出一步，后脚迅速蹬地跟上，同时做好击球前的姿势。

（2）滑步。连续的并步就是滑步。

（3）交叉步。交叉步由半蹲准备姿势开始，向右侧交叉步移动时，上体稍向右转，左脚从右脚前向右交叉迈出一步，随后右脚再向右侧方向再跨出一大步，同时重心移至右脚，做好击球动作准备。

（4）跨步。跨步由半蹲准备姿势开始，前膝部弯曲，上体前倾，一腿用力蹬地，另一腿向来球方向跨出一大步，后腿随重心前移，做好击球迎球动作准备。

(四) 制动

由快速移动转为突停状态的过程称为制动。

(五) 移动技术教学步骤

（1）气排球移动步法与排球移动步法动作相同，教师组织学生观看排球运动的移动步法，并让学生自己尝试模仿练习不同的移动步法。

（2）教师讲解并示范，重点强调讲解下肢动作，突出不同步法动作的异同点。

（3）模仿教师的慢节奏动作。

（4）学生个人练习。

(六) 移动技术训练方法

（1）徒手无球练习方法。半蹲准备姿势开始，结合口令或手势做各种步法的快速移动。

（2）结合不同形式的持球练习方法。两人一组，相距一定距离，前后左右抛球移动接球进行练习。

第四节 气排球创新技术

气排球创新技术是在气排球实践比赛中，针对气排球运动的特点和规律创新、总结出实用的、有效的击球动作。由于气排球体积大、重量较轻，球在空中飞行受到气流影响变化很大，气排球飞行重心非常不稳定、路线变化很大，通过增大击球面积有效提高接球效果。

根据气排球规则击球规定，球可以触及身体的任何部分，击球时，允许身体不同部位在一个动作中连续触球，但球必须被击出，不可接住或抛出。

气排球一传创新技术主要用于接大力发球和强攻扣球，进攻后朝向防守队员的腰以下方向运行的球。

一、"下手抖球"技术

气排球"捧""托""捞""抱"等一传击球技术，统称为"下手抖球"技术。动作特点是运用手指、手腕灵活的击球动作。准备动作采用半蹲或稍蹲姿势，面对来球，两脚分开与肩同宽，根据来球的速度和力量，两臂自然放松弯曲置于腹前，上臂与前臂夹角为90°左右，两手触球时，十指自然弯曲张开成半球状，以增大触球面积，手腕稍后仰，击球时手腕、手指向前抖动。

二、"双手挡垫"技术

气排球"插托""阴阳手""太极手"等一传击球技术，统称为"双手挡垫"技术。"双手挡垫"技术既可用于接大力发球和强攻扣球，也可用于接球速快、力量大、球体朝向胸腹部运行的球。

根据来球的方向、速度、弧度和落点，采用不同的准备姿势。左挡垫球，球从左边来，右脚内侧蹬地；左脚向左跨出一步，重心移至左脚，膝弯曲，上身稍向左倾斜，左肩略低于右肩，左手五指张开，掌心向前，迅速将手插到球的下部，手掌呈勺形，手指指根触球的下部，阻挡球向下飞，同时右手五指张开，在来球的后上方顶压着球体并掌握球的方向。两手触球时，十指自然弯曲张开，两手掌根相靠，形成近似垂直角度，运用手指和全掌弹击来球。

三、"单手托球"技术

气排球单手托球是处理离身体较远的球，单手托球时手掌心向上，五指张开且朝前，形成弧形，以全手掌触击球的下部。手臂、手腕的动作幅度应根据来球力量的大小和击球的目标点来控制。

第五节 垫球

一、垫球技术

通过手臂或身体其他部位的迎击动作，使来球从垫击面上反弹出去的击球动作称为垫球。

二、垫球技术分类

依排球垫球技术动作方法，气排球垫球技术常用动作有正面双手垫球、体侧垫球、背向双手垫球、挡垫球、单手垫球，以及鱼跃垫球、前扑垫球、滚翻垫球。

三、垫球技术动作

(一) 正面双手垫球

正面双手垫球是指运动员用双手在腹前将来球垫击出去的一种动作方法，是最基本的垫球方法，是各项垫球技术的基础，适用于接各种发球、扣球和拦回球，也可用于垫二传组织进攻。

(1) 动作方法。正面双手垫球的常用手型是叠掌式，两手掌根相靠，两手手指重叠，手掌互握，两拇指平行向前，手腕下压，两前臂外翻成一个平面。

(2) 技术要领。两臂前伸插球下，两臂夹紧腕下压；蹬地跟腰前臂垫，击点尽量在腹前；撤臂缓冲接重球，轻球主动抬送臂。

(二) 体侧垫球

体侧垫球简称侧垫，是在身体侧面垫球的一种方法。

(1) 动作方法。以左侧垫球为例：右脚前脚掌内侧蹬地，左脚向左跨出一步，身体重心随即移至左脚，并保持左膝弯曲，两臂夹紧向左侧伸出，左臂高于右臂，右臂向下倾斜，击球时向右转腰和收腹，配合两臂在体侧截击球的中下部。

(2) 技术要领。向侧跨步侧前伸臂，向内转体提肩击球。

(三) 背向双手垫球

背对出球方向的垫球称为背向双手垫球，简称背垫。背垫大多用于接应同伴垫飞的球或将球处理过网，其特点是垫击点较高。

(1) 动作方法。背垫时，首先判断来球的落点、方向和离网的距离，迅速移动到球的落点处，背对出球方向，两臂夹紧伸直、插到球下。击球时，蹬地、抬头、挺胸、展腹，直臂向后上方抬送击球。

(2)技术要点。击球点把握，抬头挺胸展腹，全身协调，动作配合发力。

四、垫球技术的运用

垫球技术在气排球比赛中主要用于接发球、接扣球、接拦回球以及处理入网球和垫二传等。

(一)接发球垫球

(1)接一般发球。采用半蹲准备姿势动作，根据来球的轻重和垫击的距离，协调全身用力将球垫向进攻组织队员。

(2)接飘球。一般轻飘球球速不快，轻度飘晃，接球时要先判断来球的落点，做到迅速移动取位对准球，同时适当降低重心，待球开始下落时，将手臂插入球下垫击；下沉飘球具有明显减速下沉和轻度飘晃的特点，接球时站位应适当靠前，果断判断落点，并快速移动取位，身体重心下降前倾，用低姿垫球的方法将球垫起。

(3)接大力发球。大力发出的球过网后球体运行弧线较低，接球时站位要适当靠近中场，同时降低重心，保持低身体姿势，对准来球后手臂保持不动，让球自己弹起，如若击球点低时，可以适当翘腕垫球。

(二)接扣球垫球

(1)接重扣球。接重扣球是接扣球防守技术的重点难点技术。接重扣球时，要根据进攻方扣球队员和本方拦网队员情况，进行综合研判对方扣出重球的飞行路线和落点，防守队员要迅速移动取位对准来球，保持重心稳定，多采用正面双手垫球动作将球垫起。在气排球实践比赛中，接重扣球运用气排球创新技术动作最多，且成功率最高。

(2)接拦网触手的球。拦网触手后的球通常会改变扣出球的飞行路线和方向，落点也将变得不易预判，接落在球网附近的球，要注意避免过中线犯规。接飞向后场的高球时，要灵活运用移动步法，结合不同接球技术动作进行接球，如可用双手挡球、跳起单手挡球。

(3)接快球。接好快球要预先判定好球的落点，提前抢先取位，重心要降低，采取低位准备姿势，可灵活采取多样的击球手法和动作，如采用单手、双手上挡下垫技术动作。

(三) 接拦回球垫球

拦回球是指本方队员进攻扣球后被对方拦回的球，拦回球大多是自上而下落下，有时会沿球网落下，接球时大多要采用重心低的准备姿势，上体要保持直立，两手要置于胸前。拦回球距离短、速度快、突然性大，准备姿势重心低移动不便，击球时应灵活结合情况采用各种不同的垫球动作和击球手法。

(四) 接其他球垫球

(1) 垫二传球。垫击二传球通常采用正面双手垫球技术动作，垫球前要降低身体重心，面对垫出球方向，用手前臂垫击球体正下部，全身要协调用力，同时抬臂向上垫送。

(2) 垫入网球。接球前要判断球入网的部位，预判球体反弹的方向、角度和落点，灵活采取技术动作来垫击。当球体飞入球网上半部时，球大多会顺网下落，速度快，落点靠近中线；当球体飞入球网中部时，球体出现稍微反弹，下落速度相对稍慢，落点靠近中线；当球体飞入球网下部时，由于球网底绳的作用力，会有明显反弹，同时会弹出相对的高度和远度。

五、垫球教学与训练

(一) 教学练习重点与难点

气排球接球技术分为接发球、接扣球、接传垫球、接拦回球、处理各种难球以及接球组织进攻等。学习重点是掌握不同接球方式的击球手形、击球点和击球部位。学习难点是快速移动后对正来球的垫击面技术动作、接球时手臂与地面的夹角、接球时全身的协调用力。

(二) 教学练习顺序

垫球技术种类多、运用广，教学安排按照先易后难进行。一般教学练习顺序按照正面双手垫球、下手抖击球、双手挡垫、体侧垫球、背垫球、单手垫球、接发球、跨步垫球、防吊球、防扣球、网前球、接拦回球、接吊球的教学顺序进行。

(三) 教学练习步骤

(1) 讲解。组织学习观看气排球创新技术动作和排球垫球技术动作；讲解垫球技术特点和动作要领，重点讲解手型、击球部位、击球点、手臂角度及身体上下肢的协调用力动作。

(2) 示范。完整动作示范,再分解示范,正面与侧面示范要结合讲解。

(3) 教学顺序。垫球教学一般先徒手模仿练习、击固定球练习、接抛球练习、移动接球练习、接发球练习、接扣球练习、结合教学比赛及各种串联练习的顺序进行教学。

(四) 练习方法

(1) 徒手练习。徒手模仿练习、结合半蹲准备姿势的原地徒手模仿练习、结合不同移动步法的徒手动作练习。

(2) 结合球的练习。两人一组击固定球练习,一人双手持球于腹前,另一人做接球动作练习;两人一组击抛球练习;个人对墙垫球球练习。

(3) 结合移动的练习。每人一球移动自抛垫球练习,练习者向不同方向移动;两人一组,一人抛球,另一人向前后左右移动垫球;三人一组移动垫球。

(4) 结合接发球的击球练习。先接抛球练习,再到接下手发球,垫球能垫到指定的二传位置上;三人一组隔网练习,将发球、垫球和传球串联练习,要求各练习者,能控制好球送球到位,可组织比赛。

(5) 结合接扣球和吊球的垫球练习。两人一组扣防练习,一人扣球,另一个防守接扣球;三人一组扣、防、传串联练习,扣球队员打扣吊相结合,防守和传球队员相互配合完成练习;轮流连续接网前或隔网扣球练习,接扣球者在 5 号或 1 号位连续接扣球练习。

第六节　发球

一、发球技术

队员在发球区用一只手将自己抛起的球直接击入对方场区的技术动作称为发球。发球是比赛的开始,也是进攻的开始。

二、发球技术分类

气排球发球技术与排球发球技术一样,有正面下手发球、侧面下手发球、正面上手发球、正面上手发飘球、勾手发飘球、勾手大力发球、跳发球等发球技术。

三、发球技术动作

(一) 正面上手发球

发球时面对球网，两脚自然开立，左脚在前，左手托球于体前。左手将球平稳地抛于右肩的前上方，高度适中，同时右臂抬起，屈肘后引，肘与肩平，上体稍向右侧转动，抬头、挺胸、展腹、手掌自然张开；利用蹬地，使上体向左转动，同时收腹，带动手臂向前上方快速挥动。在右肩前上方伸直手臂的最高点处，用全掌击球的后中下部；击球时，手指和手掌要张开与球吻合，手腕要迅速做推压动作，使击出的球呈上旋飞行。正面上手发球击球点高，能充分利用腰腹和上肢的爆发力，以及手掌的推压动作，使击出的球快速旋转飞行，不易出界，具有较强的攻击性和准确性。

(二) 正面下手发球

发球时面对球网，两脚前后开立，左脚在前，两膝弯曲，上体前倾，左手持球置于腹前。左手将球轻轻抛起在体前右侧，球离手约一球左右高度，同时右臂伸直，以肩为轴向后摆。右脚蹬地，身体重心随着右臂由后向前摆动而前移，在腹前以全手掌击球后下部。正面下手发球击球点低，球速慢，动作简单，适合初学者。

(三) 正面上手发飘球

发球时面对球网，左手持球的位置较高，约在胸前。站在离端线的距离变化较大，可站在靠近端线处，也可站在离端线3米左右处发。左手将球平稳地抛在右肩前上方，高度应稍低于正面上手发球，并稍靠前些。在抛球的同时，右臂上举后引，肘部适当弯曲，并高于肩，两眼盯住球的击球部位。击球时，五指并拢，手腕稍后仰，用掌根的坚实平面击球的中下部，使作用力通过球体重心。击球用力要快速，击球面积要小，触球瞬间，手指、手腕要紧张，不加推压动作。击球结束，手臂要有突停动作。发球队员击球时的力量通过球体重心，发出的球会出现不规则地飘晃飞行，球的飞行路线和落点较难判断，具有较高的攻击性和准确性。

(四) 跳发球

跳发球时队员面对球网，站在离端线 3 米左右处，以右手持球置于体侧前。用右手将球抛至右肩前上方，落点在端线后跳发球 1 米限制线附近。随着抛球动作向前做助跑起跳。起跳时，起跳点必须在 1 米限制线后，不得踏及或超过，两臂要协调而积极地摆动，摆幅要大。挥臂击球动作与正面扣球动作相同。击球后，尽量使双脚同时落地，两膝顺势弯曲缓冲，迅速入场。跳发球队员跳起后在空中能充分展开身体，提高了击球点，缩短了击球点与球网的距离，增大了发球的力量，具有很强的攻击性。

四、发球技术教学与训练

(一) 发球技术教学与训练的顺序

发球技术教学通常先教下手发球，再教正面上手发球，最后教飘球和大力发球。在熟练掌握原地发球后，再学习跳发球和跳发飘球。

(二) 教学训练的步骤

(1) 气排球发球技术与排球发球技术动作结构相同，可组织学习和观看排球发球技术。

(2) 示范。发球技术教学时一般先做侧面的发球完整动作示范，然后做正面、侧面的分解动作示范。

(3) 讲解。介绍发球技术动作名称和技术特点；讲解发球的准备姿势、抛球方法、挥臂与击球的手法；以及全身的协调用力配合动作，重点要强调抛球、击球和手法。

(三) 组织练习的方法

1. 练习顺序

发球技术学习一般按徒手模仿练习、抛球练习、击固定球练习、抛球与击球动作结合的练习，再结合教学比赛的进行实战发球练习。

2. 练习方法

(1) 徒手模仿练习。练习者左手持球，置于右前上方的击球点位置，右手做挥臂击球练习，重点要体会和掌握击球手法和击球部位，同时练习抛球、挥臂、击球动作的协调性。

（2）抛球的练习。抛球练习时，抛球手掌心向上平稳地托送球，重点体会和掌握抛出球的位置和高度。同时要练习抛球、抬臂、引臂的连贯配合动作。

（3）击固定球练习。模仿发球时的挥臂动作进行击固定球练习，一人双手持球置于头上方合适位置，另一人做挥臂击球练习，重点体会和掌握击球部位和手法。

（4）抛击结合练习。抛球、引臂和挥臂击球的结合练习，重点体会和掌握抛球、引臂和挥臂击球动作的协调配合。

（5）比赛练习提高发球技术。队员分成人数相等的两组进行发球比赛，轮流在发球区进行一定数量的发球练习。

第七节 传球

一、传球技术

队员通过手指手腕的弹力和全身协调用力，将气排球传到一定目标的击球动作称为传球。气排球传球技术与排球传球技术一样，是组织进攻战术的关键。二传是全队的"核心"和"灵魂"。

二、传球技术分类

气排球传球技术按传球方向分为正面传球、背向传球、侧向传球。

三、传球技术动作

（一）正面传球

面对传出球方向的传球动作称正面传球。正面传球通常采用稍蹲准备姿势，仰头观看来球，上体稍挺起，屈肘，两手自然抬起，放松置于额头部前方。当来球接近额前时，开始蹬地、伸膝、伸臂，手指自然张开伸向前上方迎击球。击球点在脸额前上方约一球距离处。手触球时，十指应自然张开使两手成半球状，两拇指相对近"一"字形。手腕稍后仰，以拇指内侧、食指全部、中指的二和三指节触球的后下部，无名指和小指在球两侧辅助控制球的方向。两手臂肘部分开，两前臂之间的夹角约为90°。全身各部位动作应协调一致。在迎球动作的基础上，当手和球即将接触前，手腕和手指要有前屈迎球的动作，当手和球接触时，各大关节应继续伸展，最后用手指手腕的弹力将球击出。

(二) 背向传球

背对传出球方向的传球动作称为背向传球，简称背传。身体背面对正传球目标，上体保持正直或稍后仰，身体重心在两脚之间，双手自然抬起，放松置于脸前。迎球时，抬上臂、挺胸、后仰上体。击球点保持在额上方，比正面传球稍高稍后。触球时，手腕后仰并适当放松，掌心向上，击球的下部，手形与正面传球相同。背传用力要靠蹬地、展腹、抬臂、伸肘和手指、手腕的弹力，把球向后上方传出。

(三) 侧向传球

身体侧对传出球方向的，将球向体侧方向传出的传球动作为侧向传球，简称侧传。准备姿势、迎球动作、手形与正面传球相同，击球点应偏向传球目标一侧，上体和手臂向传球方向伸展，传球方向异侧手臂的动作幅度、用力距离和动作速度要大于同侧手臂。

四、传球技术运用

传球技术在比赛中主要用于组织进攻，一般是第二次击球，即用作二传。二传是从防守转入进攻的桥梁和纽带。

(一) 二传技术特点

(1) 网前传球多。二传队员在组织进攻时，绝大多数是在近网进行传球，二传队员移动取位要及时，身体平衡能力要强，避免在比赛中出现触网或过中线犯规。

(2) 移动和转身动作多。二传队员移动的目的是快速取位做好传球准备，转身是为了对正传出球的方向，提高传球的准确性。

(3) 身体位置和传球手法变化大。二传队员必须根据一传来球的方向、速度、落点、弧度等情况，灵活采用不同的身体姿势、不同的手法进行组织传球。

(二) 二传技术组织

(1) 顺网正面二传。二传队员传球时，身体要适当转向传出球的方向，保持正面传球动作，使传球顺网飞行。

(2) 调整二传。二传队员将一传球不到位或离网太远的球进行调整组织进攻的传球，称为调整二传。调整二传充分利用蹬地伸膝、伸臂及屈指腕的全身协调力量将球平稳传出，调整传出球的路线与球网形成的夹角要尽可能小，球的落点应在扣球队员的前方并与网距离合适。

(3) 背向二传。背向二传具有一定的隐蔽性和突然性，可充分利用球网全长，提高进攻机会，传球时利用球网作参照物确定传球方向，并控制传球的角度、速度和落点。

(4) 侧向二传。侧向二传适用于来球近网或平冲网的球，可以增加进攻的隐蔽性和突然性。

五、气排球传球技术教学与练习

(一) 气排球传球技术教学与练习顺序

传球技术教学时，一般是先正面双手传球、调整二传球、背传高球、侧传、双手跳传、单手跳传、网前球、传近体前快球、传小弧度短平快、直线短平快球、传平拉开球、传背近体快球、传背短平、背平拉开球、传后排强力球和快球的顺序进行。

(二) 教学与练习步骤

(1) 气排球传球技术与排球传球技术相同，先组织学生观看排球传球技术视频。

(2) 讲解。讲解脚的站法，下肢姿势，身体动作，手型，击球点，触球的部位，迎击球的动作用力方法。

(3) 示范。教练先做完整传球动作的示范，然后做分解示范，结合正面示范、侧面示范进行教学。

(4) 组织练习顺序。原地模仿练习、原地传球练习、移动传球练习、变方向传球练习、背传练习、调整传球练习、跳传练习。

(三) 组织练习方法

(1) 徒手模仿练习。徒手做传球准备姿势，听教师的口令依次做蹬地、展体、伸臂击球动作练习，重点体会和掌握触球手型、击球点位置和身体协调配合动作及传球用力。

(2) 原地传球练习。原地自传练习，练习者将球传向头正上方，连续进行。对墙自传球练习，掌握正确的手形和手指手腕用力的肌肉感觉。

(3) 移动传球练习。自传球移动练习，保持正面传球；两人一组，一抛一传球练习，抛球者向不同方向抛球，练习者进行移动传球练习。

(4) 背传球练习。三人一组站一条直线，练习者在中间，把正面抛过来的球，向背面传出，然后后转依次进行练习。

第八节 扣球

一、扣球技术

队员跳起在空中用一只手将本方场区上空高于球网上沿的球击入对方场区的一种击球方法叫扣球。扣球的攻击性主要有击球点高、速度快、力量大、变化多的特点，使得扣球更具很强的进攻威力。

二、扣球技术分类

气排球扣球技术动作分为正面扣球、勾手扣球、单脚起跳扣球；按用途和变化分为快球类、自我掩护扣球类、其他变化类。不同的是，气排球所有进攻性扣球起跳须在2米限制线以外，相当于排球扣球按区域只有后排进攻扣球。

三、扣球技术动作

(一) 正面扣球

正面扣球是气排球扣球技术中最基本的一种方法。扣球助跑前采用稍蹲姿势，两臂自然下垂，助跑时（以右手扣球为例），左脚先向前迈出一小步，紧接着右脚再快速跨出一大步，左脚及时并上，踏在右脚之前，两脚尖稍向右转，做好起跳准备。在助跑跨出最后一步（即第二步）的同时，两臂绕体侧向后引摆，左脚并上踏地制动的过程中，两臂自后积极向前摆动。随着双腿蹬地向上起跳，两臂快速用力向上摆，挺胸展腹，上体稍向右转，右臂向后上方抬起，身体成反弓形，以迅速转体、收腹动作发力，依次带动肩、肘、腕各部位关节向前上方成鞭甩动作挥动，五指微张，全掌包满球，在手臂伸直的最高点的前上方击球的后中部，同时主动用力屈腕屈指向前推压。落地时，前脚掌先着地，再过渡到全脚掌着地，同时顺势屈膝、收腹，以缓冲下落的力量。

（二）单脚起跳扣球

单脚起跳扣球是队员助跑时一只脚落地后另一只脚不再向前踏地而直接向上摆动帮助起跳的一种扣球方法。采用与球网成小夹角或顺网的助跑路线。助跑后，左脚跨出一大步，上体后倾，在右腿向前上方摆动的同时，左腿迅速蹬地起跳，两臂配合摆动，帮助起跳，跳起后扣球动作与正面扣球动作相同。

四、扣球技术运用

（一）扣近网球

气排球扣近网球是指扣球距球网 0.5 米左右的扣球。扣近网球时，向上垂直起跳，利用收胸动作发力，以肩为轴，向前上方挥臂，以全手掌击球的中上部。击球后，手臂要顺势收回。扣近网球时击球点高、路线变化多、威力大。

（二）远网扣球

击球点距网 1.5 米左右的扣球为远网扣球。起跳后，上体后仰，身体成反弓形，击球点保持在右肩的上方最高点。用全掌击球的后中部，击球瞬间，手腕要有明显的推压动作，使球急速上旋飞入对区。远网扣球可以加大上体和扣球手臂的振幅，充分利用收腹、收肩动作，扣球力量大。

（三）扣快球

（1）扣近体快球。扣球队员在二传队员体前或体侧约一臂距离处扣的快球叫近体快球。助跑起动时间较早，跑速要快，随一传球同时跑到网前，浅蹲快跳，加快起跳速度，跳起在空中等球。击球手臂后引动作要小，利用含胸收腹的动作，带动前臂和手腕快速鞭打式挥动，用全掌击球的后上部。二传距离短、速度快、节奏快,具有进攻扣球效果和掩护作用强的特点。

(2) 扣短平快球。在二传队员体前 2 米处,扣二传队员传来的快速平弧度球,称扣短平快球。球的飞行速度快、弧度平进攻节奏快,进攻区域宽,利于避开拦网。

(3) 扣背快球。在二传队员背后约 0.5 米处扣的快球称扣背快球。

(4) 扣背平快球。在二传队员背后 2 米左右处扣背传来的快速平弧度球,称扣背平快球(又称背溜)。

(四) 自我掩护扣球

(1) 时间差扣球。队员利用起跳时间上的差异来迷惑对方拦网的扣球方法,称时间差扣球。常用于近体快、背快、短平快等扣球战术。

(2) 位置差扣球。队员利用起跳位置的差异摆脱拦网的扣球方法,称位置差扣球,或称"错位"扣球。常用的位置差扣球有短平快向 3 号位错位扣、近体快向 2 号位错位扣、背快向 2 号位错位扣。

(3) 空间差扣球。扣球队员利用冲跳动作,使身体在空中有一段移位的距离,把起跳点和击球点错开的扣球方法称空间差扣球,又称空中移位扣球。常用的空间差扣球有前飞、背飞、拉三、拉四等。

五、气排球扣球技术教学与训练

(一) 教学练习顺序

气排球扣球技术教学一般先学习正面扣球技术,重点学习在 4 号位扣一般高球,再学习其他扣球技术。

(二) 教学训练的步骤

(1) 观看视频。组织观看气排球扣球技术动作视频,初步建立扣球动作印象。

(2) 示范。教学示范以侧面示范为主,使学生了解扣球助跑路线、起跳和空中击球动作。通常采用分解教学方法,进行助跑起跳和挥臂动作教学。

(3) 讲解。讲解扣球技术作用、扣球技术动作分类和运用、扣球动作方法,以及扣球技术动作的重点和难点。

(4) 组织练习过程。先进行助跑起跳和挥臂动作的分解练习,然后练习完整的空中扣球动作，最后结合不同战术位置进行扣球练习。

(三) 组织练习的方法

（1）助跑起跳练习。可先依次进行原地起跳、踏步起跳、两步助跑起跳和网前助跑起跳，再进行直线助跑起跳、斜线助跑起跳和外绕助跑起跳。练习时，教师要及时进行指导和纠正，并讲解；同时，队员之间也可相互纠正、相互观摩。

（2）挥臂动作练习。个人徒手挥臂练习，可把左手举至右前方进行挥右臂练习，也可徒手挥臂击打适当高度的树叶；击打固定球，两人一组，一人双手持高度适中的球，一人挥臂练习；个人对墙扣球练习；自抛扣球练习；两人一组扣防练习；两人一组，相互甩羽毛球、网球和沙包练习。

（3）空中击球练习。在球场中助跑起跳，并在进行空中挥臂动作练习；网前助跑起跳，隔网甩沙包练习；跳起在网前扣固定球；助跑网前扣抛出球练习；助跑网前扣传球练习。

（4）专位扣球练习。根据队员特点和场上位置，结合扣球技术动作进行专位扣球练习，如进行2号位、4号位、3号位和后排位等不同强度、不同训练量的练习。

第九节 拦网

一、拦网技术

靠近球网的前排队员，将手伸向高于球网处阻挡和截击对方的来球，并触及球的动作称为拦网。拦网技术水平的高低，直接影响着比赛的胜负。

二、拦网动作分类

拦网按参与人数分为单人拦网、双人拦网、三人拦网；按拦网动作和目的分为原地拦网、移动拦网。

三、拦网动作技术

(一) 单人拦网

准备姿势时队员面对球网，两脚左右开立，约与肩同宽，距网 0.3 米左右，两膝微屈，两臂屈肘置于胸前。原地起跳时，两腿屈膝，重心降低，随即用力蹬地，两臂以肩发力，在体侧近身处，作划弧划前后摆动，帮助身体迅速跳起。起跳时，两手从额前沿球网向上方伸出，两臂伸直并保持平行，两肩上提。拦网时，两臂应伸过网去接近球。两手自然张开，屈指屈腕成半球状。当手触球时，两手要突然紧张，手腕下压盖在球的前上方。拦球后，要做含胸动作，以保持身体平衡。手臂要先后摆或上提，从网上收回至本方上空，再屈肘向下收臂，以免触网。拦网常用移动步法有跨步、并步、交叉步、跑步。

(二) 双人拦网

由前排两个队员互相靠近，同时起跳组成的拦网称双人拦网。双人拦网时，一人为主拦队员，另一人为配合拦网队员，主拦队员必须抢先移动到对正扣球点的位置，做好起跳准备，配合拦网队员则迅速移动，并靠近主拦队员，做好拦网准备，两个拦网队员要保持合适的距离进行拦网。

(三) 三人拦网

由前排三个队员互相靠近，同时起跳组成的拦网称三人拦网。三人拦网主要用于对方大力强攻扣球。三人拦网时，一人为主拦网队员，另两人为配合拦网队员。

四、拦网技术的运用

(一) 拦强攻扣球

强攻扣球的特点是击球点高、力量大、路线变化多，一般都是采用双人或三人拦网拦集中球的近网和远网球时，应以拦斜线为主，兼顾直线。拦拉开球时应尽量组织集体拦网。

(二) 拦快球

拦快球需要准确判断、移动及时、应变能力强。拦近体快球时，其快球特点是速度快、弧度低、击球点靠近球网。通常采用单人拦网，拦网队员拦网时起跳时机应与扣球队员同时起跳或稍早一点起跳。拦短平快球时，其快球特点是顺网平弧快速飞行，拦网时要进行合理取位，掌握起跳时间，要果断快速向对方场区上空伸臂，两手靠近拦其扣球路线。

(三) 拦打手出界球

拦打手出界扣球时，靠近边线拦网队员的外侧手拦网时手掌要转向场内，防止球打手出界。

(四) 拦远网扣球和后排扣球

远网扣球和后排扣球，击球点离网较远，应尽量组成集体拦网，手要尽量向高处拦其扣球路线。

五、拦网技术教学与训练

(一) 教学训练的顺序

拦网教学顺序依次是单人拦网、双人和三人的集体拦网。教学重点是单人拦网技术，采用分解与完整相结合的教法，再依次学习拦网的手形、伸臂动作、原地起跳、移动起跳和完整拦网技术。拦网移动步法按并步法、交叉步和跑步顺序进行教学。

(二) 教学训练的步骤

(1) 观看拦网技术视频。气排球拦网技术动作与排球拦网技术动作相同，组织学生观看排球拦网技术，初步建立拦网技术动作印象。

(2) 讲解。拦网技术作用、单人拦网技术动作方法和要领，重点讲解拦网的判断和起跳时机。

(3) 示范。拦网示范应采用完整与分解相结合，正面、侧面与背面示范相结合完整示范建立完整的拦网技术印象。正面示范拦网手型、手臂间距及起跳动作，侧面示范拦网的身体完整动作以及手臂与网的距离，背面示范拦网的判断、移动、起跳时机及网上拦堵线路。

(4) 组织练习顺序。基本顺序为拦网手型练习、移动起跳练习、结合球的完整拦网技术单人练习、集体拦网练习。

(三) 教学训练的方法

(1) 拦网手型练习。徒手模仿练习时，两脚平行站立，两臂上举伸直，两手间距约20厘米，十指自然张开。原地扣拦练习时，两人一组，一人做好拦网手型，另一人对准拦网人双手进行抛球自扣。

（2）移动起跳拦网练习。网前原地起跳拦网练习时，听教练口令在网前做原地起跳拦网。两人一组隔网练习时，移动起跳双方在网上击掌，防止触网，保持好人与网的合适位置。

（3）结合球的拦网练习。一抛一拦练习时，两人在网前，一人抛球，另一人起跳将球拦回。拦固定线路扣球时，固定扣直线或扣斜线球，进行有目的拦线路练习。

（4）集体拦网练习。原地起跳配合拦网练习时，集体拦网队员手臂要上举伸直，配合拦网队员，要主动与主拦网队员合作进行。

第七章　气排球战术

第一节　气排球战术基本理论

气排球战术是运动员在比赛中根据气排球运动的比赛规律、双方的具体情况和临场变化,有效运用技术所采取的有预见、有目的、有组织的行动。

一、气排球战术的分类

研究参照排球战术体系按参与战术的人数,分为个人战术和集体战术两类。队员根据临场情况有目的地运用技术的过程为个人战术,分别为发球、一传、二传、扣球、拦网和防守等个人战术。两名或两名以上队员之间有组织、有目的的集体协调配合为集体战术,分别为集体进攻战术与集体防守战术两大类。集体进攻战术有"中一二"、"边一二"和"插上"等进攻战术,集体防守战术有接发球阵型、接扣球阵型、接拦回球阵型、接传垫球阵型等防守战术。

二、气排球战术之间的关系

(一) 技术与战术的辩证关系

技术与战术两者是互相联系、互相促进的辩证关系。技术是组织与运用战术的基础,战术是技术的合理组织与有效运用。技术的发展往往走在战术的前面,改进原有技术或出现某种新技术就可能形成新战术。

(二) 战术的数量与质量的关系

战术具有数量和体系的多样性,战术实现质量具有攻击实效性和熟练程度。多样性的战术体系,能有效提升队伍的竞技能力水平,能充分发挥每个队员的技术特长。

(三) 个人战术与集体战术的关系

个人战术与集体战术是局部和全局的关系，个人战术是集体战术的组成部分，集体战术是个人战术的综合体现。个人战术是实现集体战术的保障，集体战术有利于发挥和实现个人战术。

(四) 进攻战术与防守战术的关系

在气排球比赛中强有力的进攻体系是队伍得分获胜的保障外，也是有效的防守体系，如大力发球可有效破坏对方的一传防守，同时破坏对方组织有效的进攻。

(五) 快攻战术与强攻战术的关系

快攻与强攻都是进攻的重要手段，快攻与强攻是运动队综合战术体系的重要组成部分。强攻战术是运动队获胜的绝对实力体现，而快攻战术是运用各种快球和以快球为掩护的各种战术变化，可有效突破对方拦网防守。

(六) "四攻"战术系统之间的关系

气排球战术体系分为接发球及其进攻体系、接扣球及其进攻体系、接拦回球及其进攻体系和接传垫球及其进攻体系，简称"四攻战术体系"，"四攻战术体系"共同组成气排球的进攻与防守战术体系。在气排球每球得分制的竞赛规则中，要全面做好"四攻战术体系"的训练安排，特别是"一攻战术体系"与"防反战术体系"的训练计划安排。

三、气排球战术能力与培养

(一) 气排球战术能力

气排球战术能力是通过气排球运动员在比赛中的行为所表现出来的，是运用和完成战术意图、实现比赛预期目标的能力，是运动员整体竞技能力水平的重要组成部分。

(二) 气排球战术能力的内容

（1）个人战术意识。个人战术意识是指运动员在临场复杂多变的比赛中，有预见性地完成自己或与同伴配合行动的思维活动。

（2）战术理论知识。战术理论知识是指气排球技战术指导思想、运用战术基本原则、战术体系运用理论知识。

（3）战术的质量。战术质量是指队员和运动队运用战术体系实现战术效果的好坏，包括进攻战术质量和防守战术质量，是衡量一个球队水平高低的重要标志。战术质量效果取决于队员个人技术水平、战术素养、比赛经验、实战应变能力，以及队员之间相互配合的默契程度。

（4）战术的数量。战术数量是指运动队或队员具有一定数量成熟的多样性变化战术体系。战术数量越多，战术运用的可选择性就越多、变化就越丰富，比赛中能争取更多战术运用的主动权。

（5）运用战术的能力。运用战术能力是指运动队或队员能合理地、有效地运用战术的表现行为，运用战术能做到针对性、灵活性的应对对方战术变化的有效行为能力。

（三）气排球战术能力的培养

（1）正确认识气排球战术能力。集体项目同场对抗和隔网对抗类中，有效地运用和执行战术是运动队获得胜利的关键。队员个人战术要有熟练性、预见性、灵活性和创新性运用战术的认识思维。运动队要有队员之间配合默契程度、集体战术把握、比赛节奏控制的战术认识思维。

（2）正确认识战术能力与其他竞技能力的关系。战术能力发展受学习能力、技术运用能力、身体素质和体能表现能力、心理能力等竞技能力的制约和影响。学习能力是队员学习气排球知识和掌握技能的重要基础。技术运用能力是队员贯彻和执行战术体系，按战术要求，准确和有效运用技术动作的综合素质。身体形态和体能表现能力是提高技战术能力，执行战术配合的重要先决条件。心理能力是战术意识能力的具体表现，是发挥技术、战术能力的保障条件。

（3）正确认识战术意识。战术意识是指队员在气排球比赛中执行战术时表现出来的主动自觉心理活动，包含战术运用的感知、记忆、思维和想象等心理活动。战术意识支配着队员正确运用技术和战术，直接影响战术的运用效果。战术意识发展水平具有阶段性特点，可通过运动技能、战术知识、战术方法的学习以及比赛经验的积累进行培养、发展和提高。

（4）战术意识的培养与提高。战术意识的培养要从战术指导思想、战术意识、战术理论知识、战术数量质量、战术行为质量进行培养，侧重从技战术的目的性、行动的预见性、判断的准确性、进攻的主动性、防守的积极性、战术的灵活性、动作的隐蔽性、配合的集体性等方面进行提高。气排球运动是隔网对抗性集体类竞赛项目，要加强队员密切配合、团队合作意识训练，增强融合个人技术于集体战术的协同配合意识。

第二节　气排球阵容配备与位置交换

一、阵容配备

阵容配备是运动队根据比赛的任务、本队战术组织的特点及队员技术水平，有针对性地、合理地安排出场队员及位置分工。阵容配备的目的在于把全队的力量有效地组织起来，扬长避短，组成适合本队具体情况、符合技战术发展趋势的场上队员，能最大限度地发挥每一个队员的作用和特长。

(一) 阵容配备原则

(1) 择优原则。阵容配备首先考虑安排技术全面、比赛经验丰富、战术意识强的队员，同时，要兼顾考虑队员轮休和场上不同位置队员的替换。

(2) 攻守均衡原则。坚持每轮次做到攻守力量均衡，避免弱轮次出现。

(3) 轮次针对原则。根据本队技战术特点，结合对方队员轮次位置，安排轮次要有针对性。如对方强进攻轮次时，可安排发球队员发球，进行有针对性地破坏和阻止对方组织进攻。

(4) 优势领先原则。优先安排发挥本队优势的轮次，可优先安排发球攻击性最强的队员发球，争取开局得分，提升队伍比赛士气。

(二) 阵容配备形式

气排球比赛主要有四人制和五人制。四人制有4男、4女、3男1女或2男2女赛制形式；五人制有5男、5女、4男1女或3男2女赛制形式。

(1) 四人制队员战术阵容配备。阵容配备有"二二"配备：2名二传、2名扣球队员；"三一"配备：1名二传、3名扣球队员。现行气排球比赛中，若有女队员参与的阵容形式，通常由女队员担任二传任务。

(2) 五人制队员战术阵容配备。阵容配备有"三二"配备：3名扣球队员、

2名二传队员；"四一"配备：4名扣球队员、1名二传队员；前排2号位或3号位传球配备，由轮转到2号位或3号位的队员做二传。气排球比赛中，若有女队员参与的阵容形式，通常由女队员担任二传任务。

（三）二传和扣球队员职责

从气排球运动发展趋势来看，参赛队员都应兼备强攻、快攻的技术和战术能力。

（1）二传队员。二传队员是战术进攻的核心，根据比赛临场情况，灵活应变、科学合理地组织各种战术进攻，积极贯彻集体战术安排和意图。

（2）扣球队员。气排球进攻扣球均需在2米限制线以外起跳，气排球扣球进攻没有前后排球区别，在阵容配备中由主攻扣球队员和副攻扣球队员分工安排。主攻扣球队员在比赛中主要担任攻坚任务，负责和担当中、远网和调整扣球强攻。主攻队员进攻击球的高度、力量、技巧、线路变化及准确性等有很高的要求。副攻扣球队员主要担任快、变、活进攻方式突破对方的拦网，以及负责和担当中间、两侧的拦网任务。对副攻队员在体能和技术上都提出了很高的要求。

二、交换位置

（一）交换位置的目的

交换位置的目的是合理和充分发挥队员特长和优势，采取专位分工安排，科学合理地组织进攻战术和防守战术，以提高攻防战术的质量。

（二）队员场上位置关系

发球队员击球时，双方队员（发球队员除外）必须在本场区内按轮转次序站位。

（1）四人制气排球为前后两排，前排队员位置为2号位和3号位，后排队员为1号位和4号位；1号位队员与2号位队员同列，3号位队员与4号位队员同列。

（2）五人制气排球为前排和后排，前排队员位置分为2号位、3号位和4号位，后排队员位置分为1号位和5号位；1号位和2号位为一列，4号位和5号位为一列；3号位单独一列，与后排队员没有站位位置关系。

(三) 交换位置的方法

(1) 前排队员之间的换位。前排队员换位主要是为了加强组织进攻战术和拦网防守战术，如二传队员换到3号位的中一二站位，或换到2号位的边一二站位；把身材高大、弹跳力好、拦网能力强的队员换到3号位，或与对方主攻队员隔网对站的位置上。

(2) 后排队员之间的换位。后排队员换位主要是为加强防守，同时做好积极反攻准备，如换位到擅长的防守区。

(3) 前后排队员之间的换位。前后排换位主要是为实现进攻战术的多点进攻打法，如后排队员插上作二传，前排队员原有的2号位、4号位两点进攻，可变为2号位、3号位、4号位三点进攻。

三、信号联系

信号联系是运动队为实施战术进行的联系方式和手段，为了完成集体战术配合，教练和队员特定设有的联系信号。信号联系通常有语言信号联系和手势信号联系。语言信号联系就是队员口头喊话联系，如战术简称"快""高""背""交叉"，也可用战术编号进行联系。手势信号联系是队员间采用先前确定的各种手势，如手指数目、手指特定形状进行联系，来实现进攻战术变化配合。

第三节　气排球个人战术

个人战术是指在集体战术配合的基础上，队员根据临场比赛情况，充分发挥个人特点和优势，合理地运用个人技术动作的变化，以达到有效的进攻和防守的目的。个人战术包括发球、二传、扣球、一传、拦网、防守个人战术。

一、发球个人战术

(1) 加强发球的性能。发不同性能的球主要是发出轻、重、平冲、下沉等飘球，或发出力量大、旋转性强、速度快、弧度低平等攻击性球，达到直接得分，或破坏一传降低对方进攻的效果。

（2）控制发球的落点。控制落点发球主要是找人找点发球、找薄弱区域发球。发球薄弱区域多在网前、端线、边线附近，以及队员之间的连接区；找人找点发球多是将球发给一传技术差、心理素质差，以及二传队员或队员跑动的路线上。

（3）改变发球的方法。改变发球节奏变化的方法，如快节奏、慢节奏的交替变化；改变发球线路变化的发球方法，如长短线路交替变化、直斜线路交替变化的发球方法。

（4）改变发球的攻击性和准确性。改变发球攻击性的发球，多在本方连续失分、大比分落后、对方强进攻轮次采用；改变发球准确性的发球，如本方发球连续失误、拦网连续得分、比赛关键球时，以及对方进攻较弱轮次、暂停换人采用。

二、一传个人战术

一传个人战术是指第一次接对方来球时，本队为组织进攻战术而采用有目的、有意识的击球动作。

（1）组织快攻战术。快攻战术要求一传球的速度快、弧度平，以加快组织进攻的节奏。

（2）组织强攻战术。强攻战术是主攻队员采取的高举高打进攻扣球，要求一传弧度高些，以便二传队员组织强攻战术。

（3）组织两次球战术。组织两次战术时，本队在第二次击球时便完成战术进攻，要求一传弧度高，球体上升到最高点后有垂直下落，以便进攻击球。

（4）组织交叉战术。组织交叉战术时，根据交叉的位置，一传弧度要适中，以便组织适合的交叉进攻战术。

（5）组织短平快球战术。组织短平快球战术时，需要根据战术确定的进攻队员位置，来决定一传球的落点和弧度。

（6）前排队员一传时一传球弧度要相对较高，垫击力量不宜太大，也可使用上手传球。

三、二传个人战术

二传个人战术是队员利用时间、空间和技术变化，有效地组织进攻战术。

（1）差位传球。二传队员根据对方前排拦网战术，结合本队进攻轮次，传出时间和位置上有差别的二传球，迷惑对方拦网，以便完成进攻战术。

（2）选择突破点传球。根据本方队员进攻轮次特点，灵活采用强攻集中、快球拉开、近网快球、远网后排扣球的传球技术。

（3）控制比赛节奏和战术灵活传球。根据本方进攻战术特点和优势，灵活采用隐蔽动作、假动作，迷惑对方对传球的判断；根据本方或对方场上比赛情况，采取加快比赛节奏或放慢比赛节奏，实现战术调整策略。

四、扣球个人战术

扣球个人战术是进攻扣球队员根据对方拦网和防守情况，采取不同扣球路线、不同扣球动作，有效、合理地避开和突破拦网的行动策略。

（1）扣球线路的变化。扣球时灵活运用手腕和身体转动变化，扣出直线、斜线、长线和短线不同线路的球；也可利用助跑路线与扣球路线变换，达到避开对方拦网和迷惑对方防守队员，如直线助跑扣斜线球、斜线助跑扣直线球。

（2）扣球动作的变化。运用个人优势和特长，可采取重扣强攻和轻扣巧打结合、打超手和打手出界结合、打球和吊球结合，避开对方拦网、拦网判断失误，增加对方防守难度。

五、拦网个人战术

拦网个人战术是拦网队员根据对方扣球的情况，充分运用起跳时机、拦上截击阻挡、手上动作，实现拦阻对方进攻目的。

（1）虚假动作拦网。拦网队员可采用拦直线、斜线起跳，空中变为拦斜线、直线的交替变化；拦强攻动作移动变为拦快攻动作方法；拦网时直臂拦网动作与前伸拦网动作交替使用变化。

（2）策略性拦网。队员拦网可采取变换手型策略，改变手型动作封堵进攻线路，对方打手球出界策略时及时将手撤回，造成对方扣球出界。

六、防守个人战术

防守个人战术是队员比赛中选择最佳防守位置，利用合理的接击球技术动作，将球有效地垫击起来，并能组织进攻。

（1）预判进攻技术，快速取位防守。预判对方二传传球方位，结合防守区域，果断做出判断，做到边移动边取位，提前做好接球准备，并防守接球。

（2）拦网与补位防守配合。拦网队员根据对方二传球跑动和传球点，结合对方进攻队员的跑位和准备，预判进攻战术并果断进行拦网，本队防守队员灵活进行补位防守接球。

（3）灵活与针对防守结合。根据对方进攻队员特点，对方进攻扣球和吊球相交换进攻时，防守队员需要灵活采取"边跟进""心跟进"的防守；本方队员防守时，防守能力强的队员多进行补位防守。

第四节　气排球集体进攻战术

气排球集体战术是指在比赛中，两名以上队员（含两名）按照集体约定的形式，灵活合理、配合采取的有组织、有目的、有针对性的攻防技术。

一、进攻阵型

进攻阵型就是进攻时所采取的基本队形。根据二传位置的变化，进攻阵型主要有四种，即"中二传"进攻阵型、"边二传"进攻阵型、"插上"进攻阵型和"两次球及其转移"进攻阵型。

（一）"中二传"进攻阵型

二传队员换位到前排中间进行传球，其他队员扣球的战术形式称为"中二传"进攻阵型。阵型特点是轮转到前排3号位的队员担任二传，其他队员扣球的战术形式，适合不同技术水平的运动队。

（二）"边二传"进攻阵型

二传队员换位到前排2号位进行传球，其他队员进攻的战术形式称作"边二传"进攻阵型。阵型特点是二传队员在边上，对一传的要求稍高，适合不同技术水平的运动队。

(三)"插上"进攻阵型

由后排任二传队员插到前排做二传,其他队员进行扣球的战术形式称为"插上"进攻阵型。"插上"进攻阵型进攻灵活,变化多,可保持多点进攻,全队只需适应一名二传的传球。

二、进攻打法

进攻打法是指二传队员与扣球进攻队员之间所组织的各种配合战术,分为强攻、快攻、两次攻及其转移、立体进攻等战术配合打法。

(一) 强攻打法

强攻战术特点主要凭借个人力量、高度和技术进行强行突破对方拦防的进攻。

(1) 集中进攻。集中进攻主要体现在4号位、2号位的高举高打球进攻。

(2) 拉开进攻。拉开进攻主要体现在标志杆附近扣直线、斜线的进攻打法,分利用球网的长度,扩大攻击面,有效避开拦网,同时可充分利于手臂手腕技术动作打出有利于线路变化或对方打手出界球。

(3) 围绕进攻。围绕进攻有后围绕进攻和前围绕进攻,围绕进攻是进攻扣球队员围着二传队员前面和后面组织的跑动进攻扣球战术,可充分发挥进攻队员的优势和特长,避开对方拦网队员,有效完成进攻得分。

(4) 调整进攻。当对方大力发球和强攻扣球时,本方一传球、防守球无法达到预期组织战术需要,队员通过移动把球调整到网前进攻扣球的位置上,并进行的强攻扣球战术为调整进攻。调整进攻多出现在一传球不到位,或者一传球失误时,采取的进攻战术,对进攻队员和二传队员技术要求较全面。

(5) 后排进攻。后排进攻是指后排1号位、6号位、5号位队员在进攻线后起跳进攻扣球。后排队员进攻有利于形成集体战术的立即进攻,可形成多点进攻,有效避开对方拦网。

(二) 快攻打法

快攻打法是以快攻以及各类快球作为掩护,由队员本人或本方队员进行的进攻扣球战术。快攻打法主要有自我掩护进攻、平快球进攻和快球掩护进攻。

(1) 自我掩护进攻打法。自我掩护进攻是指进攻队员在进攻战术时做打平快球的助跑、起跳假动作,来为本人第二次实际扣球进攻作掩护的扣球进攻。

自我掩护进攻可分为"位置差"掩护、"时间差"掩护和"空间差"掩护进攻。"位置差"掩护进攻有近体快后错位进攻、短平快前错位进攻和近体快前错位进攻。"时间差"掩护进攻是指进攻队员以快球进攻为掩护，扣半高球进攻的打法。"空间差"掩护进攻，也称空中位移进攻，可分为前飞、后飞和背飞掩护进攻。

（2）平快球进攻打法。平快扣球打法是指进攻扣球队员利用快速挥臂击球动作，完成二传传出的快、平球进攻打法。平快球进攻分为前快进攻、背快进攻、背平快进攻、短平快进攻、后排快进攻和单脚起跳快进攻。

（3）快攻掩护进攻打法。快攻掩护进攻是指本方进攻队员利用各种助跑进行佯装快攻，以此来吸引对方队员进行拦网，为本队队员创造网口更好进攻扣球机会的掩护进攻打法。快攻掩护进攻中主要有梯次进攻、交叉进攻、夹塞进攻、双快或三快进攻和双快一跑动进攻等多种打法。梯次进攻是指利用本队员快球跑动掩护，本队另一名队员在其背后离网稍远处扣半高球进攻打法。交叉进攻是指本队两名进攻队员通过助跑线路的交叉，让对方难以判断真实的进攻队员，做到相互进攻掩护，有效避开对方拦网的进攻打法。夹塞进攻是指本队一名队员跑动做扣短平快球，另一名队员在二传和跑动队员间扣短平快球，做到吸引对方拦网而掩护真实扣短平快球目的的进攻打法。

（三）立体进攻

立体进攻是一种快攻与强攻、时间与空间上的多方位组合进攻，形成横向、纵深、全方位的进攻。由于气排球规则要求所有的扣球进攻必须从 2 米限制线后起跳，因此气排球的进攻更需立体化，立体进攻的特点是进攻点增多，攻击性强，进攻范围扩大，突然性强，有利于形成以多打少的局面。

第五节　气排球集体防守战术

一、接发球基本阵型及其进攻系统

接发球是进攻的基础，也是由守转攻的开始。接发球及其进攻体系是将对方发过来的球垫击接起，垫击一传球要到位，利于二传队员组织各种有效的进攻战术，接发球要求一传队员接球能正确判断、合理取位、分工明确和配合默契。

（一）四人制

1. "二二"配备下"中一二"接发球阵型

（1）第一轮和第三轮。由2号位的二传队员上提到网前中部附近，3号位、4号位、1号位队员下撤去接发球。

（2）第二轮和第四轮。由3号位的二传队员上提到网前中部附近，1号位、2号位、4号位队员下撤去接发球。

2. "三一"配备下"插上"接发球阵型

（1）第一轮和第四轮。3号位、4号位、1号位队员下撤去接发球，在2号位的二传队员上提到网前中部附近进行传球组织进攻。

（2）第二轮。4号位、1号位、3号位队员接发球进攻，2号位在3号位右后侧插上传球组织进攻。

（3）第三轮。4号位、1号位、3号位队员下撤去接发球，由1号位的二传队员在3号位队员后面插上网前中部附近传球组织进攻。

（二）五人制

1. "三二"配置下的"中一二"进攻阵型

（1）第一轮。3号位的二传队员上提到网前中部附近进行传球组织进攻，由1号位、4号位、2号位队员和5号位队员形成1-3-1接发球阵型。

（2）第二轮。2号位的二传队员上提到网前中部附近进行传球组织进攻，1号位的队员补到2号位，与下撤的4号位、3号位队员和5号位队员形成1-3-1接发球阵型。

（3）第三轮。3号位二传队员上提到网前中部附近组织进攻，由5号位队员补到3号位，与下撤的4号位、2号位队员和1号位队员形成1-3-1接发球阵型。

（4）第四轮。2号位二传队员上提到网前中部附近组织进攻，由1号位队员补2号位，与下撤的4号位、3号位队员和5号位队员形成1-3-1接发球阵型。

（5）第五轮。2号位二传队员上提到网前中部附近组织进攻，由1号位队员补2号位，与下撤的4号位、3号位队员和5号位队员形成1-3-1接发球阵型。

2."三二"配置下的"边一二"进攻阵型

（1）第一轮和第四轮。2号位的二传队员到网前右侧附近组织进攻，4号位、3号位、1号位队员和5号位队员形成1-3-1接发球阵型。

（2）第二轮和第五轮。4号位的二传队员上提到网前4号位附近，待发球击球后移动到2号位附近组织进攻，3号位的队员移动到4号位，与下撤的2号位、上前补位的5号位队员和1号位队员形成1-3-1接发球阵型。4号位和3号位是同排，注意保持正确的左右位置关系。

（3）第三轮。3号位二传队员上提到网前，待对方发球击球时移动到2号位附近组织进攻，由5号位队员补到3号位，与下撤的4号位、2号位队员和1号位队员形成1-3-1接发球阵型。

3.双二传接发球站位

由两名队员在2号位、4号位担任二传，其他三人负责接发球。这种接发球站位多在3男2女的五人制阵型中运用。

二、接扣球基本阵型及其进攻系统

接扣球防守包括拦网和后排防守。拦网是第一道防线，后排球防守是反攻的基础，同时二传也是反攻的关键纽带，每一个环节都需高度的配合和协助。

（一）后排防守主要阵型

1."边跟进"防守阵型

对方4号位或2号位的边网进攻时，本方1号位或5号位跟进到拦网人后面防吊球，叫作"边跟进"。"边跟进"主要以"活跟"为主，即根据扣球落地的变化机动性跟进。以五人制比赛为例，对方4号位进攻，本方2号位、3号位组成双人拦网。4号位下撤防小斜线，5号位防大斜线，1号位向前移动边跟进防吊球，如对方在2号位进攻，防守阵型则相反。

2."三角卡位"防守阵型

"三角卡位"防守阵型通常在对方3号位扣球，本方单人拦网时采用拦防阵型。2号位、4号位队员下撤到拦网人侧后方3米处，1号位或5号位队员上提到拦网人正后方4米处，三人形成"三角形"防守阵型，另外一名队员负责防守打手弹出后场的高球。

3. "双卡"防守阵型

"双卡"防守阵型主要是在本方三人拦网时采用，前排4号位、3号位、2号位队员组成三人拦网，后排1号位、5号位队员各守半区，形成双卡站位。

(二) 拦网下的防守阵型

1. 四人制

(1) 单人拦网下的防守阵型。2号位单人拦网下的防守阵型，对方4号位队员扣球，本方2号位队员拦网，3号位队员下撤防小斜线，4号位队员防大斜线，1号位队员防吊球。3号位单人拦网下的防守阵型，对方3号位队员扣球，本方2号位队员拦网，4号位队员下撤到2号位后面防吊球，3号位、1号位队员防斜线。2号位单人拦网下的防守阵型，对方2号位队员扣球，本方3号位队员在4号位拦网，2号位队员下撤防小斜线，1号位队员防大斜线，4号位队员防直线和吊球。

(2) 双人拦网下的防守阵型。4号位双人拦网下的防守阵型，对方2号位队员扣球，本方3号位和2号位队员拦网，1号位队员防斜线区，4号位队员防直线区。3号位双人拦网下的防守阵型，对方3号位队员扣球，本方3号位和2号位队员拦网，1号位、4号位队员各防半个区域。4号位双人拦网下的防守阵型，对方4号位队员扣球，本方3号位、2号位队员拦网，4号位队员防斜线区，1号位队员防直线区和吊球。

2. 五人制

(1) 单人拦网下的防守阵型。4号位单人拦网下的防守阵型，对方2号位队员扣球，本方4号位队员拦网，3号位队员防小斜线，5号位队员防直线和防吊球，1号位队员防直线后场区，2号位队员防大斜线。3号位单人拦网下的站位，对方3号位队员扣球，本方3号队员拦网，2号位、4号位队员下撤双卡防小斜线，1号位队员防拦网队员身后的吊球，5号位队员防后场区。4号位单人拦网下的站位，对方4号位队员扣球，本方2号位队员拦网，3号位队员下撤防小斜线，1号位队员跟进防吊球，4号位队员防大斜线，5号位队员防后场区。

(2) 双人拦网下的防守阵型。2号位双人拦网下的站位，对方4号位队员扣球，本方2号位和3号位队员拦网，4号位队员下撤防小斜线，1号位队员跟进防吊球，5号位队员防大斜线。3号位双人拦网下的站位，对方3号位队员扣球，本方2号位、3号队员拦网，4号位、1号位队员下撤"双卡"防小斜线，5号位队员防后场区球。4号位双人拦网下的站位，对方2号位队员扣球，本方4号位和3号位队员拦网，2号位队员下撤防小斜线，1号位队员防大斜线，5号位队员跟进防直线和吊球。

(3) 三人拦网下的防守阵型。4号位三人拦网下的站位，对方2号位队员扣球，本方4号位、3号位和2号位队员拦网，5号位队员下撤防直线，1号位队员防大斜线。3号位三人拦网下的站位，对方3号位队员扣球，本方4号位、3号位和2号位队员拦网，5号位、1号位队员下撤"双卡"防大斜线。2号位三人拦网下的站位，对方4号位队员扣球，本方4号位、3号位、2号位队员拦网，5号位队员防斜线区域，1号位队员防直线和吊球区域。

三、接拦回球及其进攻系统

接拦回球及其进攻系统是一种自成体系的进攻形式，组织扣球进攻的同时，本方其他队员采取的一种防守阵型，指接起被对方拦回的球所组组织进攻。气排球攻与拦之间的攻守转换时间极短，被拦回的球速度快、路线短、离网近、突然性大，防拦回球时队员选择的位置应根据扣球的方向、路线、力量和击球点离网的远近，以及对方拦网的高度和手型做出不同的动作，同时，形成布置合理的防守阵型。

(一) 四人制

(1) 3号位队员在4号位扣球，2号位队员在2米线内进行保护，4号位队员在扣球队员身后、1号位队员在扣球队员右后侧，三人形成保护区域。

(2) 4号位在3号位扣球，3号位队员、2号位队员在扣球队员两侧进行保护，1号位队员在扣球队员身后进行保护，三人形成保护区域。

(3) 2号位队员在2号位扣球，3号位队员移动到扣球队员左侧进行保护，1号位队员在扣球队员身后，4号位队员在扣球队员左后侧，三人形成保护区域。

(二) 五人制

(1) "三一"保护阵型。4号位队员扣球，3号位队员移动到扣球队员右前侧2米线内，5号位队员在扣球队员右面，三人形成近端保护圈，2号位队员在2号位、1号位之间做远端保护。"三一"保护阵型通常在被拦回球落地较近，相对集中时采用。

（2）"二二"保护阵型。在4号位队员扣球时，3号位、5号位队员形成第一道保护圈，1号位、2号位队员形成第二道保护圈，如果2号位队员进攻时保护阵型相反。"二二"保护阵型适用于拦回球落地比较分散时。

（3）"三角形"保护阵型。在3号位队员扣球时，二传队员在网前做保护，4号位、2号位同时下撤到扣球队员两侧，另一名队员在扣球队员后面，形成三角形保护圈。

四、接对方处理过来球及其进攻系统

当对方无法组织有力的进攻，被迫将球传、垫、挡过网时，是本方组织反攻的最有利的时机，要抓紧攻防转化节奏，组织快速反击。对处理过来的弧度较高的球尽可能组织"一次攻"或"两次攻及其转移战术"。对无法组织"一次攻"或"两次攻"时，要加快一传的速度，组织快速进攻战术。

第六节 气排球战术教学与训练

一、战术教学方法

战术教学是指组织战术体系配合时，运用不同教学方法和手段，根据教学内容和队员情况，培养队员掌握和运用技术的教学过程。

（一）直观教学的方法

充分利用新媒体、战术示图教学，以及场上队员进行实际演练的方法，帮助队员建立直觉感官的战术概念。

（二）分段与串联相结合的方法

依据气排球各技术特点，把进攻战术体系和防守战术体系分为若干内容，进行专题专项练习，各段战术内容熟悉和掌握后，现将各分段内容组合起来进行串联练习。

（三）二传与攻手相结合的方法

二传是队伍组织执行战术的核心队员，战术练习时需要加强二传与攻手之

间的默契配合练习，二传队员要了解攻手队员的特点和习惯，同样的战术体系针对不同队员的进攻，需要传出更适合不同队员的球。

(四) 低难度与高标准相结合的方法

组织战术体系练习时，先着重训练队员间的默契配合教学，待队员掌握熟练后，再提高战术教学的难度和标准。

(五) 练习与比赛相结合的方法

教学过程中，比赛通常可以检验战术体系教学效果，巩固和提高教学成果，通过教学比赛又可以调动队员学习战术的兴趣和积极性，可及时了解队员掌握情况，并发现存在问题。

二、战术教学顺序

战术教学要遵循和本着"先易后难，先攻后防，逐步提高"的原则，教学过程中战术内容与战术意识培养必须贯穿始终。

三、基本进攻阵型的教学

(一) 基本要求

(1) "中一二"进攻阵型。"中一二"进攻阵型是二传队员站在3号位组织进攻战术，要求二传队员的正面双手传球和背传球技术具有较高水平，传出到4号位和2号位的球，能组织相应位置的队员进行进攻扣球。

(2) "边一二"进攻阵型。"边一二"进攻阵型是二传队员站在2号位组织进攻战术，要求二传队员的传快球和拉开球技术具有较高水平，能组织3号位队员扣近体快球、4号位队员扣拉开球。

(3) 后排"插上"进攻阵型。后排"插上"进攻阵型是后排队员插上到前排担任二传队员组织进攻战术，要求二传队员具有较强的移动能力，以及传快球、拉开球和背传的能力，能组织3号位队员扣近体快球、4号位队员扣拉开球、2号位背飞球。

(二) 教学步骤

(1) 基本阵型练习。"中一二"进攻阵型练习，教练员可先在6号位向3号位抛球，站在3号位的二传队员分别向4号位、2号位传球，组织4号位、2号位队员进攻；进攻队员跑位、扣球配合掌握和熟练后，再进行隔网向6号位抛球或扣球，6号位队员将垫球到3号位，3号位队员进行传球组织进攻练习。"边一二"进攻阵型练习，教练员可先在1号位向2号位抛球，站在2号位的二传队员分别把球传向3号位、4号位，组织3号位队员扣近体快球、4号位队员扣拉开球进攻。"插上"进攻阵型练习，教练员在6号位向2号位和3号们中间位置抛球，二传队员从1号位插上到2号位和3号位中间站位，再分别传球给4号位队员拉开进攻、3号位队员扣近体快球、2号位队员扣半高球进攻。进攻队员跑位、扣球熟练后，可采用隔网向6号位抛球，并由6号位向2号位和3号们中间位置垫球，随后队员插上进行传球组织练习。

（2）结合接发球练习。接发球练习可依次采取隔网抛球、隔网近距离发球，再发球区发球，发球难度逐渐增加。"中一二"阵型时，后排1号位、6号位、5号位队员接球，2号位队员扣前快球、4号位队员强攻扣球；也可5号位（或1号位）队员接发球，3号位队员传球，2号位、4号位队员扣一般球，后排队员进行后排进攻。"边一二"阵型时，后排1号位、6号位、5号位队员接球，4号位队员扣近体快球，3号位队员跑位到4号位进攻扣球。也可5号位（或1号位）队员接发球，3号位队员扣快球，4号位队员扣一般球，后排队员进行后排进攻。后排1号位"插上"，5号位队员接发球，3号位队员扣快球，4号位队员扣一般球，2号位队员扣一般球，后排队员可进行后排进攻。

（3）结合接扣球练习。教练员可先左、右边线外侧先抛球，再扣球，再到4号位、2号位扣球，逐渐增加球的难度来提高队员的接扣球防守能力。"中一二"进攻阵型时，6号位队员防守，3号位队员传球组织进攻，2号位和4号位队员扣一般球，1号位和5号位队员可后排进行进攻。

（4）结合接拦回球练习。2号位、3号位双人拦对方4号位扣球，扣球尽量扣在拦网队员手上弹起，场上其他队员按区域分工防守，防起后组织进攻。

（5）结合后排插上练习。教练员在6号位抛球，1号位、5号位队员轮流插上到前排，组织2号位、3号位、4号位队进攻扣球练习。

第八章 气排球教学与训练

第一节 气排球教学

一、气排球教学的任务

气排球教学的任务是传授气排球基本理论知识和技战术。对大学体育类专业气排球专项学生来说，还应培养气排球教学能力、竞赛组织能力和裁判工作能力；对大学公共体育课学生培养他们通过气排球运动锻炼身体的习惯；中小学生体育课围绕"教学、勤练、常赛"教学模式，培养中小学生对气排球运动的兴趣，掌握气排球基本技术战术，养成校内外各锻炼1小时的习惯。树立"健康第一"的教育理念，加强气排球课思想政治教育，注重爱国主义和传统文化教育，培养学生勇于拼搏的团队精神和奋斗有我的信念。

二、气排球教学原则

气排球教学原则是教师进行气排球教学的客观规律依据，对气排球教学的各项活动起着制约和指导作用。气排球教学应遵循教师主导作用和学生主动性相结合原则、因材施教原则、循序渐进原则、直观性原则和巩固性原则。

气排球教学原则是在树立"健康第一"的教育理念下科学分析气排球教学过程、思想政治教育和成果导向教育的基础上构建起来的，它有赖于对以运动技能学习为主并与思维活动相结合的认知过程、气排球教学目的、气排球教学内容、气排球教学手段、气排球成果导向和思政元素的重新认识。基于这样的理念，在气排球教学原则构建及运用的过程中，应考虑以下八个因素。

(一) 坚持"健康第一"

气排球运动课程坚持"健康第一"的教育理念，以学生发展核心素养为引领，重视育体与育心、体育与健康教育相融合。

(二) 气排球课程思政一体化建设

气排球运动课程思政一体化建设是以习近平新时代中国特色社会主义思想为指导，全面贯彻党的教育方针，落实立德树人根本任务，以学生为中心，培育和践行社会主义核心价值观。围绕"培养什么人、怎样培养人、为谁培养人"的根本性问题，强化思想政治教育，强化法治教育，推动以"课程思政"为目标的课堂教学改革，优化课程设置，形成既重树人又重立德的培养方案，构建全员育人、全程育人、全方位育人的一体化育人体系。围绕一体化体系，深入挖掘气排球运动课程与"课程思政"的契合点以及课程所蕴含的思政元素，从气排球教学目标、教学内容、教学过程、教学方法和教学评价等方面设计课程思政教学和开展课程思政建设。

(三) 融合创新创业教育

加强创新创业教育与气排球课程相融合，将创新创业教育融入气排球人才培养全过程，分层次、分阶段、分群体推进创新创业气排球课程教学体系建设，通过教学环节的整体设计，在理论知识和实践锻炼的基础上，突出学生创新思维、创业意识和创业能力的培养。学者凌齐的《体育类专业创新创业教育与体育品牌赞助营销协同发展研究》一文，以"恒佳"品牌气排球赞助第四届广西高校大学生气排球锦标赛和"我要上全运·西有季杯"广西气排球选拔赛等两项赛事活动为案例研究对象，通过体育类专业学生对企业品牌产品市场占有率、竞争者实力、销售渠道、市场规模结构、产品性能、市场价格及其走势等市场调查，以参与赛事策划管理、竞赛组织、裁判执裁等社会实践活动就是一种新教学理念和模式，将体育类专业的主干学科、基础课程、核心课程、实践课程融合在一起的社会实践教育，是一个理论知识转换成运用能力的学习实践过程和真正体现社会需求的社会实践教育，更是一个社会实践、专业实践、创新创业实践的过程。探究体育类专业创新创业教育与体育品牌赞助营销协同机制，以期达到企业、社会、学校和学生"四赢"的合作模式，同时，探索体育类专业创新创业教育与专业教育融合路径，坚持体育专业理论与创业实践充分结合，提高和强化体育类专业学生创新创业能力和优势，培养适应创新型国家建设需要的高水平创新创业体育人才。

(四) 坚持成果导向教育

成果导向教育，坚持以学生为中心，强调学习成果及其成果的持续优化。成果导向教育围绕四个问题——学生能学到什么、为什么学、如何学、如何评价和改进学习成果，整个框架为"一个核心目标、两点需求、三个前提、四个原则和四点支持、五个实施步骤"。一个核心目标是让所有学生都取得成功；两点需求是学习成果的准确界定和清晰呈现、用具体的成果来指导课程的设置；三个前提是所有学生都能学习并获得成功、"成功"是成功之母、学校掌控成功的条件；四个原则是清楚聚焦、拓展机会、更高期望、反向设计；四点支持是应当清晰地界定学生需要学什么、学生进步的过程应以展示的成果为基础、提供多样的教学和评估策略满足每个学生的需求、提供充足的时间和帮助让每个学生都挖掘出最大的潜能；五个实施步骤是界定成果、设计课程、教学授课、产出认证、评估与优化。

(五) 教学要以学生发展为本

在教学目标的设计中，必须坚持以学生发展为本，体现在气排球教学中应突出学生的积极性、主动性，激发学生"我要学、我要练"的兴趣，以及创造良好的人性化气排球教学环境。教学对象的主体性和教学主导的科学性是以学生为本教学原则的核心内容。教学要根据气排球教学规律，掌握不同性别、不同年龄学生的心理和生理特征，采取游戏性、实用性和竞技性的教法，激发学生的学习热情，培养学生自主发展、创新精神、团队合作和竞争意识，促进学生心身健康发展。

(六) 教学内容要符合学生心理发展

教学活动要根据学生的心理可接受能力，科学设计教学活动。教学目标制订应遵循学生心理发展历程和可接受心理逻辑，依据目标难度与动机理论关系，合理设计教学内容的难易程度。气排球教学一般应依次先后进行基本技术、技术运用、战术体系，以及技术战术理论和竞赛规则教学。

(七) 注重教学方式改革

气排球教学要积极创设生动有趣丰富多彩的教学情境，积极将教师的动作示范、重点讲解与学生的自主学习、合作学习、探究学习有机结合，将集体学练、小组学练与个人学练有机结合。气排球运动技能初学时，感觉系统对学习技能是非常关键和重要的；学习后期，运动中枢控制将发挥更大更重要的作用，同时有效地利用视觉对动作技术地高效完成也起重要作用。根据人对事物认知规律、运动技能形成规律，排球技战术教学优先运用完整与分解示范、正误对比示范、边讲解边示范，以及运用挂图、电影、录像、新媒体等教学手段和方法。

(八) 运用运动技能学习与控制理论知识

气排球技能学习要充分运用运动技能学习与控制理论知识，使学生掌握气排球运动技能学习与控制的基本理论与方法，并能解决气排球教学与训练实践中的问题。练习量对学生学习气排球动作技能起着至关重要的作用，练习量只有与其他诸如强调动作方法、注重动作效果、变换操作条件等变量共同作用时，才能产生最佳的技能学习效果。反馈和追加反馈对气排球动作技能学习影响很大，是气排球教学的常用手段，教师通过言语指导、录像回放等形式反馈不仅可以激励、鼓励学习者付出更多努力，更专注地持续学习，而且能使学生获知动作结果是否实现、动作操作是否正确以及如何纠正错误等重要信息。人们学习动作技能就是为能应用到实际的生活中。气排球动作技术教学过程中，通过学习某种动作技能而得到的能力向同等或类似的横向技能迁移的情况可以说比其他球类项目要多一些，例如正面上手发球与正面扣球的挥击臂动作。影响动作技能迁移的因素很多，包括动作技能之间的相似性、技能的练习量以及动作技能学习组合等因素，教师在组织动作技能学习时，应该优化动作技能学习组合模式，促进动作技能学习的正向迁移，抑制或防止动作技能之间的负向迁移。

三、气排球教学工作文件

气排球教学工作文件是气排球课程教学的依据，主要包括课程标准、教学进度和教案三个部分。

(一) 课程标准

气排球课程标准是规定气排球课程性质、课程目标、内容目标、实施建议的基本性、纲领性、指导性教学文件。

1.气排球课程标准的内容

(1)前言:主要包括气排球课程性质、课程基本理念、课程设计思路。

(2)课程目标:通过气排球课程学习培养学生形成正确价值观、必备品格和关键能力。

(3)内容标准:气排球各章节学习内容领域及行为目标。

(4)实施建议:气排球教学建议、评价建议、改革修订建议。

2.气排球课程教学过程关键环节

气排球课程标准是气排球教学的基本依据,它涵盖了气排球课程的主要内容、教学目的和要求等。气排球课程教学过程中应主要把握以下两方面:

(1)教学目的和教学要求,主要包括气排球课程的主要内容、课程的性质以及在专业所开设气排球课程中的位置;要阐明通过气排球课程的教与学要达到怎样的目的,以及在教与学过程中应注意的问题等。

(2)章节的教学内容,介绍每个章节的结构、教学内容安排以及要求学生掌握的内容,尤其要指出每个章节和教学点的重点内容,供教师授课、学生学习过程中把握。必要时还要提出每个章节教学所需学时数,以便更好地安排教学。气排球课程的专业实习、认知实习、实践教学,需要在课程标准中明确提出。

3.课程标准与教学大纲

气排球课程标准与教学大纲不同之处在于行为主体的转移和行为陈述的可操作性。气排球课程标准强化教育教学改革的核心价值目标是着眼于学生职业素质的全面提高,关注学生的学习结果与课程实施过程。

气排球课程标准关心的是课程目标、课程改革的基本理念和课程设计思路;关注的是学生学习的过程和方法,以及积极情感体验、正确的价值观和职业素质的养成。气排球教学大纲具体规定的教学顺序及各部分内容所占的课时数,以及规定时间内能否完成教学任务和达到教学目标。

(二)教学进度

气排球教学进度是具体落实气排球课程标准所规定的教学领域和行为目标,实现知识与技能、过程与方法、情感态度与价值观等课程目标和实施建议的教学工作文件。

1. 教学进度的基本结构和内容

教学进度一般以卡线表的形式出现，其基本结构和内容是：表题、表格纵横向结构与内容、表体课次数及内容。教学进度要体现上课对象、上课时间，课堂教学准备活动部分、基本部分、结束部分，教学内容的理论部分、实践部分，以及教学使用教材。

2. 撰写教学进度注意问题

（1）合理划分教学阶段。气排球教学进度一般包括：单项基本技术教学、运用及其串连阶段；多项基本技术运用及进攻、防守战术教学阶段；多项技术运用及攻防战术运用提高阶段。

（2）合理安排各阶段教材序列。气排球教学遵循单项基本技术教学、复杂单项基本技术教学、单项基本技术运用和串连、攻防战术教学和运用教学序列。

（3）合理安排课时教材序列。每次课教学内容不超过3个，新内容最多2个，技术与战术内容混合安排，教学比赛以技术战术练习手段的形式出现。

（三）课时教学计划

课时计划又称教案，一般应包括课次、教材内容、教学目标、重点难点、师生活动、教学方法、组织形式、练习时间次数、场地器材、练习密度与运动负荷预计等基本要素。

（1）明确教材内容。根据课程标准提出教学目标和内容范围，合理制订单元教学计划，明确每节课的教材内容。

（2）分析教材情况。气排球技能课堂教学教材分析：一是分析教材价值，课堂教学是实现立德树人根本任务的主要途径，充分挖掘和利用体育教材的健身价值和教育价值，通过身体运动过程，促进学生全面、健康发展，是发挥气排球课程育人功能的重要前提和必然要求。二是分析教材特点，不同教材具有不同的特点，教材内容具有体能性或技能性、创编性或生活性、对抗性或表现性特点，教材的不同特点也有不同的特点的教与学方法。三是分析教材重难点，教材重点决定着教师开展课堂教学活动的着手点、着力点和着眼点，气排球运动技能教材重点是指技术关键环节和动作要领。

（3）分析学生情况。学生情况分析是设置课堂教学目标、安排教学内容、设计运用教法的基本依据，主要分析学生的身体素质、心理特点、学生人数、性别比例等方面的情况。

（4）设置教学目标。科学合理设置课时教学目标首先要准确分析把握学习内容的特点、价值及其重难点，通过学习内容的载体作用实现课时教学目标。课时教学目标应从运动参与、运动技能、身体健康、心理健康和社会适应五个学习领域，并根据领域目标构建课堂教学内容。设置具体的课时目标应注意知识与技能目标要明确行为、条件、标准要素，表述要具体、可观测、可评价；体育目标要明确学生体能素质和运动能力发展期望；情意目标要明确培养学生体育精神的预期，以及通过教学教育实现课程思想政治教育，实现教学目标和学习内容教育价值一致；目标设置应面向全体学生，通过学练活动能够实现大多数学生达到预期目标。如气排球正面双手垫球课时教学目标，学习和掌握气排球垫球的基础知识，理解正面双手垫球的基本技术原理和气排球运动的技术特点，明确学习的目的是安全地进行气排球运动；初步学会合理的正面双手垫球技术动作，使90%的学生能独立完成；基本掌握垫球技术，使50%～60%的学生能自垫球10～20次；培养和发展学生速度、灵敏、柔韧、协调等素质；通过正面双手垫球和垫球接力跑教学与练习，在气排球运动中形成热情、开朗的性格，具有进取精神和合作交往的能力，培养学生自主锻炼习惯和与他人合作的精神。

（5）设计教学方法。体育教学方法包含教师的教法和学生的学法，围绕"教学、勤练、学会"教学要求，落实怎么教、怎么学和怎么练。教学方法设计的核心在于所用方法要适合学生、贴切教材，能有效帮助学生掌握知识，通过课堂学习促进学生发展。

（6）教学步骤设计。教学步骤是指课堂教学内容和环节先后顺序安排和占比时间课时教学通常分为准备部分、基本部分和结束部分三个阶段，分别占全课总时间的15%～20%、70%～75%、10%。

（7）课时练习形式。课时教学活动要科学规划和利用时间、空间和其他教学条件，有序组织教学实施，做到教师有效教、学生有效学，确保实现课时教学目标。

（8）场地器材规划。课堂教学场地器材规划要依据课堂教学内容、学生人数和教学方法，合理设计场地、配备器材以及具体使用计划。场地布局和使用要求具有教育性、安全性、实用性、趣味性与适宜性，器材使用和开发要求安全性、趣味性、针对性和实用性。

（9）运动负荷预计。运动负荷包括负荷量和负荷强度，练习密度反映负荷量大小，体育课练习的心率变化和平均心率反映负荷强度大小。

（10）课后评价。课后评价有助于对教学进行反思和总结，学生回忆学习内容、反思自己的参与度，教师评估教学方法、总结教学经验。

（11）课外作业。安排课堂学习有待加强、巩固和提高内容，布置家庭体育作业，落实校内校外1小时体育活动。

（12）教学反思。体育教学反思是体育教师对体育教学行为、教学效果进行审视和分析。教学反思从成功、不足和改进方面进行，反思内容主要有反思立德树人、教学内容、教学方法、教学步骤、运动负荷、练习密度、掌握程度、学生状态、教师状态，反思方法有回顾、交流和访谈，反思结果常有课后小结、教学总结和专题研究等成果方式。

四、气排球教学课的类型

气排球教学课分为实践课、理论课、教法课、讨论课、演示课、比赛课、实习课和考试课等。

（1）实践课。实践课是通过一定的方法和手段，使学生掌握气排球运动基本技能、教学能力的课程。

（2）理论课。理论课是学习气排球运动基本理论和基本知识的课程。

（3）教法课。教法课是传授气排球技战术教学的基本理论与实践知识，是培养学生教学能力的课程。

（4）讨论课。讨论课是拓展学生的思维空间，培养学生分析问题和语言表达能力的课程。

（5）演示课。演示课是运用可视化教学手段，或者观摩高水平气排球运动员的现场比赛，加深学生对课程学习直观认识的课程。

（6）比赛课。比赛课是培养学生气排球比赛意识，实践气排球竞赛组织与裁判能力，检查教学效果的课程。

（7）实习课。实习课是通过"微型课"培养学生编写教案，实施讲解、示范和组织教法等能力的课程。

(8)考试课。考试课是运用诊断性、形成性、终结性评价的方式方法，评定学生学业成绩的授课形式。

五、气排球课时教学组织

(一) 课时组织教学

课时组织教学是指教师在课堂教学过程中，为实现课堂教学目标，以教学内容为载体，运用一定的教学手段和教学方法，确定教师与学生教学互动的组织方式。

(二) 课时组织教学的种类

1. 教师主导型教学组织形式

能力分组形式属于教师主导型教学组织形式，主要有固定分组、升降级分组、技术分组、体能分组、临时分组。

2. 教师主导和学生主体教学组织形式

心理分组形式属于教师主导和学生主体教学组织形式，主要有兴趣分组、分层次分组和非正式群体分组。

（1）非正式群体分组。非正式群体分组是将心理、动机和倾向一致，以及观念接近、信念一致、需要类似、情绪相投的学生分为一组，实施教学的组织教学形式。

（2）分层次分组。分层次分组是指依据智力水平和努力程度，设定不同层次的教学目标、教学内容和评价标准的组织教学形式。

六、气排球课时教学方法

气排球教学方法是在气排球课时教学过程中，为实现教学目标，落实立德树人，以学生为主体，成果产出教育为导向，教师指导和组织进行学习活动所采取的教与学方式的总称。选择教学方法要根据课时教学目标、教学内容特点、学生实际情况、教师条件，要具有整体性、启发性和灵活性。气排球教学方法常用的有指导法和练习法两类。

(一) 指导法

在气排球课时教学过程中，常用的指导方法有示范法、讲解法、完整法、分解法和预防与纠正错误法。

1. 示范法

示范法是指教师以具体的操作为模型，展示动作技术的结构、要领和过程的教学方法，主要有现场示范法、录像示范法、自我示范法、参与模仿法，其特点是真实感强、针对性强、视觉效果好和运用范围广。

2. 讲解法

讲解法是教师使用语言向学生传授课时教学目标、教学内容、动作名称、动作方法、练习手段及操作形式、练习时间、练习次数、练习要求，以指导学生进行实践操作的方法。讲解法主要有直述讲解、概要讲解、分段讲解、对比讲解和侧重讲解。

直述讲解多用于对课程的任务与内容、技术环节与动作方法、练习形式与要求进行说明的讲解方法。概要讲解多用于较复杂技、战术环节教学的一种讲解方法。分段讲解多用于较复杂技、战术教学的一种讲解方法。侧重讲解多用于较复杂技、战术教学的一种讲解方法。对比讲解多用于解决较复杂技、战术教学难点的一种讲解方法。

3. 完整法

完整法是从动作开始到结束，不分部分和段落，完整、连续地进行教学的方法。其优点是保持动作环节的联系，技术动作结构的完整，应注意动作简化、多用诱导性练习。

4. 分解法

分解法是把完整的技术合理地分成几个部分逐次按部分进行教学，再到完整掌握技术动作的教学方法。简化动作技术掌握过程，利于难点和重点动作技术部分学习，主要有单纯分解法、顺进分解法、递进分解法和逆进分解法。

5. 预防与纠正错误法

预防和纠正错误法是教师为了防止和纠正学生在学习中出现错误动作所采用的教学方法。预防法具有超前性、实时性的特点。

(二) 练习法

练习法是指依据课时教学目标有目的地反复完成某一动作，以达到提高身体素质、习得动作技能的教学方法。常用的练习方法有重复练习法、循环练习法、交换练习法和游戏法与比赛法。循环练习法和交换练习法多用于运动训练范畴，重复练习法和游戏法与比赛法多用于课堂教学。重复练习法是指在不改变动作结构和运动负荷的相对固定的条件下，根据动作的操作规范进行反复练习的教学方法。游戏法与比赛法是运用竞争方式以获得胜利。

七、气排球教学模式

(一) 以现代教学理论为指导建构的教学模式

气排球教学多采取用排球教学模式，常用教学模式有以行为科学教学理论为指导的学导式教学模式、以认知学科教学理论为指导的掌握学习教学模式和以社会科学教学理论为指导的合作学习教学模式。课堂教学模式采用的四段式教学程序，即开始环节（课堂常规活动）—基本环节（新授内容的讲解与示范）—练习环节（组织技能练习，巩固动作）—总结环节（放松练习与评价），属于传递—接受型的教学模式。课堂教学设计以气排球运动技能掌握为主线，以气排球某项基本技战术的学习、模仿练习和掌握的难易程度安排为主，安排一定的练习次数，精讲多练，具体表现特征为讲解示范为主，模仿练习为辅；组织练习为主，巩固纠错为辅；效果评价为主，过程评价为辅。教学模式优势是通过教师对学习内容进行系统的讲授，将知识与技能的正确动作传递给学生，学生经过自我内化，获得知识和技能的过程。实施过程中，以教师为主导、学生为主体，精准提高教学效率，能够高质量地完成教学任务。

1. 学导式教学模式

学导式教学是以操作条件反射学习理论和程序教学思想为理论基础，融合以人为本的现代教育思想，遵循运动技战术的程序性适应原理建构起来的一种教学模式。学导式教学模式课时运作程序为宣布课时目标、自学课时教材、精讲提问、介绍练习方法和要求、学生练习、检验效果、考核评价、改进措施、反思小结。

2. 掌握学习教学模式

掌握学习教学是制订教育目标以能实现大部分学生达到的理念，运用形成性评价理论构建起来的以教学目标的达成度作为掌握标准的一种教学模式。掌握学习教学模式，运用程序教学教材编制原理方法，划分教学理论和学习逻辑单元，遵循导向性、递进性、难度适度性基本原则，从运动参与、运动技能、身体健康、心理健康和社会适应五个学习领域设计结构化、层次化的课时教学目标，采用合理的课时组织教学形式，依据课时教学目标，编制教学评价的标准与办法，运用过程性评价和总结性评价，对课时教学目标进行及时、有效的评价。

3. 合作学习教学模式

合作学习是以建构主义学习理论、最近发展区理论、社会互赖理论、学生是学习主体的现代教学理论为理论基础，以学习小组为组织形式，通过教师和学生之间的教学活动，考核小组总体表现和共同完成学习任务的评价方式，建构的教学策略和学习方式教学模式。合作学习教学模式运作程序分组形式与规模、组内角色分配与合作、学习考核与评价，以及教师介入与控制。

(二) 以成果产出为导向理念的教学模式

成果导向教育，坚持以学生为中心，尤其强调在学生学习后的学习成果及其成果的持续优化。成果导向教育更注重对学生学习目标的设计、实现与持续优化，而传统教育则更注重在学习过程中知识的灌输和方法的学习。

成果导向教育是围绕四个问题展开的教育理念，即学生能学什么、为什么学、如何学、如何评价和改进学习成果，正是这四个问题将成果导向教育的优势体现出来的，这四个问题都紧紧扣住了一个重要主题，那就是"以学生为中心"。学生能学什么，这是对学生学习成果的界定和设计，是反向设计的开始，决定了整个教学过程的模式和方法。为什么学，是对学习成果的批判性思考的结果；对学习成果的反复确定是为了使学习成果更加全面和精确，而为什么要学，是让学生明白通过学习所掌握的学习成果对未来职业和生活的影响，站在学生的角度去思考为什么要学。如何学，是在教学过程中贯彻"以学习成果为中心"的观念实施教学设计，采用合理、科学的教学方法和手段，使学生最大程度地达到教学目标。如何评价和改进学习成果，即通过反向设计的教学设计实施教学活动后，通过过程性评价和终结性评价等几种评价方式得到教学反馈信息，得到学习成果与预期学习成果的达成度关系，利用教学反馈再进行新一轮的反向设计，更新和改进教学中的实施细节，使每个学生不断地向最终的学习成果靠近，获得成就感。"反向设计"作为成果导向教育的创新点和关键点，在教学实施过程中起到了不可替代的作用。从学生的学习成果设计出发，反向实施教学活动，并在评价学习成果后加上质量的持续优化这一步骤，完善教学中的闭环，以促进教学设计、教学方法等方面的完善与改进，达到提高教学质量的目的。

第二节 气排球训练

一、气排球训练的任务

气排球训练的任务是改进、巩固、提高与发展运动技能和不断提升运动竞赛成绩，主要发展队员的专项身体素质能力、竞技心理能力、战术策略模式、团队合作能力和认知思维能力、心理调适等方面的生理学、心理学理论知识。

二、气排球训练的基本特征

(一) 强调个体和团队全面与整体的竞技能力

气排球运动的技术全面性和高度的技巧性以及严密的协同性特征，要求全面提高队员个体的身体、技战术、意识、心理、临场应变等竞技能力，也是需要全面提高全队顽强拼搏、团队合作和不懈奋斗的体育精神。中国女排精神就是排球运动的典范体现，同样适合气排球运动发展。

(二) 独特的训练特点

气排球运动具有强度大、时间短、次数多的特点，要采取主项训练和技术质量保障、全队技战术整合的组织训练方法，同时，又要把控训练强度和控制负荷变化节奏。

(三) 网上技术训练领先

气排球运动网上攻防已成为技战术发展的焦点和关键，加强全方位技战术教学训练的同时，要突出强化网上扣球技术和拦网技术训练。

(四) 重视心理训练

气排球运动员心理素质是气排球比赛获胜的关键因素，气排球训练要通过心理调节、控制和恢复技术锻炼队员心理竞技能力，也可采用针对比分相持、落后，或裁判员漏判、误判等演示作为模拟训练。

三、气排球训练原则

训练原则是运用心理科学、生理科学和教育科学理论基础，以反映训练特征的指导训练为基本准则和规范。基于这样的认识，气排球训练原则遵循技术、战术、体能、心理、作风"五结合"原则的基础上，进行有针对性地训练原则。

(一) 主动参与原则

教练员加强队员思想教育和有效沟通，强化队员承担比赛的责任、权利和义务，指导队员积极主动地进行训练，自觉提升个人体能、技能、战术、心理和知识能力。

(二) 多元发展原则

发展身体机能能力和改造身体形态的多元训练是气排球专项训练，以及通过训练获得高水平竞技能力的基础。

(三) 专项化原则

专项化训练是根据气排球运动专项综合素质的需要，针对队员身体形态、机能、技术、战术和心理特质，以及提升发展气排球运动员身体素质和竞技能力进行的双重功效性专门训练。

(四) 实战训练原则

实战训练是指通过高水平的比赛交流，积累比赛经验、提高实战能力、实验证训练成果、提升竞技心理能力、保持较高水平竞技状态的训练方法。

(五) 合理负荷原则

运动员竞技能力提升是通过负荷强度、负荷量训练实现的，训练要遵循负荷逐渐增加的原则。

四、气排球训练计划

气排球运动训练计划具有程序科学和方法合理的特性，包括多年训练计划、全年训练计划、阶段训练计划、周训练计划和课堂训练计划等五个部分组成。

(一) 多年训练计划

多年训练计划是根据气排球运动专项指标和测试标准，依据运动员实时竞技水平能力为依据，规划队员和队伍竞技能力发展、运动成绩目标的长期训练方法。主要内容包含预测未来成绩、依据发展趋势更新训练目标、确定重大赛事时间、预期成绩检验、训练目标实现措施、大赛周期训练计划和队员新老更替发展计划。

(二) 全年训练计划

全年训练计划是每年1~2次的大赛周期训练划分模式的具体化，根据年度比赛计划规划全年周期训练计划，包含训练内容、训练占比和负荷控制。

(三) 阶段训练计划

阶段训练计划是实现全年训练计划的具体措施，分为准备期、竞赛期和恢复期三个阶段。准备期是阶段训练计划中时间最长、内容最多的训练阶段。竞赛期是多周期的小周期训练，即由若干个竞赛周（小周期）组成的多周期训练，要考虑训练内容、训练方法和训练负荷节奏。恢复期的主要目标是消除运动员中枢神经的疲劳。

(四) 周训练计划

周训练计划是由每周训练课的功能和数量组成。周训练计划含周训练目标、周训练次数、训练时间、训练内容及比重，以及训练手段与方法、周训练负荷变化等。

(五) 课堂训练计划

课堂训练计划应包括训练课目标、准备部分、主体部分和结束部分。

五、气排球技战术训练方法

(一) 提高基本技术运用能力的训练方法

一是移动步法与基本技术相结合的训练，强化移动步法运用，巩固、提高和改进基本技术，常采用变换运动负荷和变换练习条件的练习法。二是基本技术串连的训练，基本技术串连训练可增大基本技术训练的强度、密度和难度，同时培养基本技术的运用意识。三是基本技术对抗性的训练，基本技术训练时合理选择训练内容，增加攻防性的对抗条件，利于提高基本技术在实战比赛中的有效运用。四是基本技术竞赛性的训练，基本技术训练采用竞赛性训练，利于激发队员训练积极性，培养队员竞赛心理能力，提高基本技术在比赛中的运用能力。

(二) 提高战术训练质量的训练方法

一是强化攻防衔接的训练，提高某个战术系统的运作效率，提高总体战术系统的作战能力，常采用变换训练法、重复训练法、比赛训练法。二是强化轮次配合训练，攻防轮次配合是攻防回合最基本的战术单位，可发挥队员配合特长、巩固和提高全新轮次的实战性。三是全队对抗性训练是总体提升队伍的比赛能力，加强队员技术磨合，保障战术体系运用的有效训练方法。

第三节　气排球专项体能训练

一、气排球专项体能的作用

运动水平是由其竞技能力所决定的，是运动员体能、智能、技能、技术、战术和心理能力的综合表现。

二、气排球专项体能的特点

(1) 气排球运动员的移动、起跳及各种击球技术动作对爆发力和力量耐力有很高的要求，所以气排球队员力量素质发展要全面。

(2) 气排球运动员的移动速度、反应速度和动作速度是气排球运动无球技术和有球技术动作的必需素质。

(3) 以力量素质和速度为基础的灵敏性和协调能力是气排球运动员身体素质的独特之处。

三、气排球运动员体能训练方法

(一) 力量素质

力量是指肌肉工作时克服阻力的能力，它是运动员肌肉收缩程度的反映。

力量受肌肉的生理横断面、神经系统的协调能力、骨杠杆的机械率、肌纤维类型和内脏器官机能影响。气排球专项力量包括一般力量、力量耐力和爆发力（速度力量）。

1. 力量训练要求

肌肉收缩有离心的退让性收缩、向心的克制性收缩、等动收缩和等长收缩四种基本形式。根据肌肉收缩形式和特点，力量训练方法分为静力性力量训练、动力性力量训练、等动训练和超等长训练方法。气排球专项力量训练要求不断提高刺激强度，有专项特点，遵循力量练习安排顺序原则、动力性练习为主。

2. 力量的练习方法

（1）发展下肢肌肉群力量的方法：杠铃负重蹲起半蹲，单脚或双脚连续跳高台阶，用橡皮条做各种连续跳跃的练习，蛙跳练习，连续高跳摸高。

（2）发展上肢肌肉群力量的方法：单杠引体向上，快速做俯卧撑。

（3）发展腰部肌肉群力量的方法：仰卧起坐，平板支撑，斜板仰卧起坐负重，腰腹练习负重；肩负杠铃，两腿开立，体前屈负荷练习；双手举重物杠铃片腰绕环。

（4）发展手指和手腕肌肉力量练习：手持哑铃腕绕环，负重腕屈伸，手指俯卧撑。

（5）速度力量练习：羽毛球掷远，手持哑铃做挥臂动作。

（二）速度素质

速度是指单位时间内完成某个动作或移动某段距离的能力。气排球专项速度有动作速度、反应速度和移动速度。

1. 速度训练要求

速度受神经过程灵活性、肌肉活动协调性和肌肉类型影响，与爆发力也有着密切关系。速度训练要求改善中枢神经系统的反应能力、与专项技术训练紧密结合、重视练习的强度和增强肌肉力量、改善肌肉群之间的协调配合。速度素质要安排在队员中枢神经系统兴奋和精力充沛状态下，进行经常性训练。

2. 速度的练习方法

（1）反应速度训练方法。一是看手势起动，看手势起动冲刺 3 米练习；二是守门接球练习，教师或队员连续给一名守门员5个球，守门员将球一一接住。

(2) 移动速度训练方法。小碎步前后左右移动练习；设置标志物练习，如可运用排球场进行见线交叉点变换移动方式，如左侧移动后换右侧移、交叉步后退、冲刺；或者"米"字形快速往返。

(3) 提高动作速度练习方法。挥臂快速扣打树叶练习；距墙10米左右，单手肩上掷排球，练习挥臂扣球掷出动作。

(三) 耐力素质

耐力是指人体进行长时间、有效率的运动能力，也是机体抵抗工作时产生疲劳的能力。气排球运动是以有氧耐力为基础的一种竞技体育项目。

1. 耐力素质的训练要求

气排球运动专项耐力主要有速度耐力、弹跳耐力、移动耐力和比赛耐力。气排球运动以有氧耐力为基础，应从青少年开始进行训练，更利于提高队员的心脏容积、最大吸氧量和恢复能力。训练方法采用间歇训练法、极限训练法和循环训练法。

2. 耐力素质的训练方法

(1) 速度耐力训练方法：沙滩、松土地越野跑；400米、800米规定距离跑；5分钟、8分钟、12分钟规定时间跑。

(2) 移动耐力训练方法：在气排球场上看教师手势变方向移动；单人移动拦网；半蹲姿势移动，看见标志物，改变方向练习。

(3) 弹跳耐力训练：单、双脚跳高台阶练习；自己连续扣球抛球8~10次；在篮板下连续左右移动跳起摸两边板沿；沙坑全蹲、半蹲连续起跳练习。

(4) 发展比赛耐力方法：连续进行比赛；结合专项身体素质训练进行比赛。

(四) 弹跳素质

弹跳力是指队员的跳跃能力，是队员力量、速度、协调能力的综合表现，速度和力量是决定弹跳力的因素。

1. 弹跳素质训练要求

弹跳素质训练要重视队员起跳技术和身体协调能力，不同训练阶段的侧重有所不同，结合专项技术动作结构特点，重视腰背肌肉足弓肌群训练。弹跳力的训练需进行多年规划或全年规划，训练中所选用的练习内容应与气排球动作结构和用力性质相一致，如进行腰背肌肉群、大腿前群肌肉、小腿伸膝肌肉群、屈足肌肉训练，以及脚掌、踝关节肌肉群和韧带训练。

2. 弹跳力训练方法

(1) 徒手跳跃训练：原地直膝向上连续跳跃练习；原地跳起收腹练习；单足交替跨跳步向前练习；连续蛙跳练习。

(2) 借助器材跳跃训练：连续跳台跳深练习；利用由低到高的橡皮筋上连续向上跳；各项跳绳练习。

(五) 灵敏素质

灵敏能力是指及时、迅速地改变身体运动方向和运动速度的能力。灵敏能力包含速度、力量、爆发力和协调能力。

1. 灵敏素质训练要求

灵敏素质练习要以视觉信号进行训练为主导，提高运动员观察能力和反应能力。根据年龄特点和灵敏性发展规律，科学安排腰腹背训练内容和计划，灵活采取多样化手段和方法，结合气排球技术进行移动速度、反应速度、判断能力、爆发力和协调性素质练习。

2. 灵敏素质训练方法

(1) 徒手练习：结合双手头上击掌和侧平举，进行双脚分开与合并跳跃练习。

(2) 结合球的练习：转身跑接抛球练习；连续移动接扣打吊球；连续跳跃变换的高度移动杆练习。

(3) 游戏性练习：贴膏药游戏；拉网捕鱼游戏；躲避球游戏。

(4) 模仿他人动作：两人一组模仿对方的变向移动、移动急停、身体转体和各项跳跃动作变化。

(六) 柔韧素质

柔韧性是指身体各关节的活动幅度，以及肌腱、肌肉和韧带的弹性与伸展能力。

1. 柔韧素质训练要求

柔韧素质训练要依据队员年龄、性别特点，并结合专项柔韧素质发展经常性与队员协调性的要求，科学安排在队员情绪高昂、精力充沛时间进行练习。

2. 柔韧素质训练方法

(1) 手指手腕柔韧性练习：两臂胸前平屈，双手指尖向上，进行相压练习。

(2) 肩关节柔韧性练习：背对肋木进行身体向前挺成弓形练习；双手握单杠悬挂练习。

(3) 发展踝关节柔韧性：跪坐压踝练习；负重踝关节屈伸动作；盘腿坐，脚心相对，双手压膝关节练习。

(4) 发展髋关节柔韧性：竖劈腿与横劈腿练习。

第四节　气排球专项心理训练

气排球运动员的心理活动特征，是指在一定的遗传素质的基础上，通过气排球运动实践而形成和发展起来的气排球运动的专项心理活动特征，主要特征表现有情感、认知和意志，以及个性心理特征的各个方面。

一、气排球运动员的认知心理特征

(一) 感知过程的心理特征

气排球运动是以各种形式的击球为核心，并以球来实现直接对抗的。运动员各种击球时间知觉、运动知觉和空间知觉，都是在大脑皮质综合分析和协调下，通过调控肌肉运动觉、听觉、视觉、触摸觉、平衡觉和机体觉有效完成的。队员移动、身体姿势准备、空间预判、全身协调用力、击球时机把控都取决于这些心理机能活动水平。心理机能的长期训练会发展成气排球运动的专门化知觉能力——"球感"，包含"手感"和"球性感"。良好的"球感"能帮助运动员对人、球的各种物理特性和时空特性，以及击球时人的运动学特性进行的精细分化，是一种复合知觉。

(二) 注意的心理特征

气排球运动是一项隔网对抗性开放型运动项目，各种击球动作瞬间完成，技战体系多变，比赛时间不受限，对运动员注意的稳定性和强度要求高。注意心理特征主要有注意分配、注意转移，以及高强度的注意稳定性。

(三) 思维过程的心理特征

气排球运动竞赛的瞬间特性、技战术多变性，体现着以双方技战术为行动的思维表现，主要思维过程心理特征有预见性、敏捷性、行动性和灵活性。

二、专项心理训练

气排球运动员的心理训练是指有意识、有目的地培养、发展和完善从事专项活动所具备心理素质和心理品质的教育过程。

(一) 排球运动员心理训练的内容

1. 日常心理训练

日常心理训练，也称长期心理训练，是长时间持续不断提高心理品质、心理素质和竞赛心理调适的心理教育过程。日常心理训练的目的：一是培养良好动机、兴趣、态度、气质和性格等个性特征；二是改善专门精细化"球感"知觉过程；三是发展注意稳定性、注意转移和分配能力；四是发展操作思维、记忆想象、战术思维和预测能力，以及运用肌肉运动能力；五是发展稳定情绪、意志品质；六是发展掌握与运用心理自我控制、调节的策略和手段能力。

2. 心理调节训练

心理调节训练是针对比赛进行的短期心理教育过程，训练目的是为使运动员在赛前、赛中、赛后形成稳定的最佳心理状态，主要有适应比赛环境条件、适应运动竞赛水平各种人际关系的心理训练。

(二) 气排球运动员的心理训练方法

1. 日常心理训练方法

日常训练有专门化感知觉训练、视动行为重演训练、集中注意训练、念动训练、意志品质训练和意识训练。

2. 心理调节训练方法

自我认知训练、心理适应和准备训练、比赛动机训练、注意力转移和集中训练、思维阻断训练、自我暗示训练、生物反馈训练和放松调节训练。

第九章　气排球运动竞赛组织与编排

第一节　气排球运动竞赛组织

气排球竞赛是气排球教学训练的重要组成部分,通过运动竞赛可以进一步推动气排球运动的发展,吸引更多人群参加气排球运动进行锻炼,提高气排球运动的普及率,同时检查气排球教学训练效果,促进经验交流,提高气排球运动水平,丰富和活跃业余生活,提高全民健身水平,实现健康中国和新时代体育强国建设。

一、竞赛活动工作程序

竞赛组织管理是一项复杂而具体的工作,应成立大会组织委员会及相关机构。组织委员会负责组织和领导竞赛的全部工作。组织委员会下设若干工作机构,负责各项工作组织。

二、制定竞赛规程

运动竞赛规程是组织和实施运动竞赛的法规性文件,也是组织和实施运动竞赛的纲领性文件,还是执行赛事工作的具体依据。

(一)制定运动竞赛规程原则

制定运动竞赛规程要遵循利于开展组织运动竞赛原则、提高运动竞赛水平原则、促进运动竞赛健康发展原则,以及公正平等原则、保障运动安全性原则、制止运动竞赛中不良行为原则。

(二) 制定竞赛规程的依据

制定竞赛规程要以体育运动竞赛计划、客观实际条件(经费条件、场地设施、参赛对象和参赛人数),以及竞赛目的和任务为依据。

(三) 制定竞赛规程注意事项

制定竞赛规程要注意竞赛规程的可操性、可行性、具体性、权威性和连续性,确保比赛组织和实施过程顺利,实现竞赛工作圆满完成。

(四) 制定竞赛规程的内容

竞赛规程的内容根据竞赛的性质、目的、项目特点来策划,如举办单位、地点和时间、参赛单位、参加办法、参赛者资格等。

(1) 竞赛名称。竞赛名称要显示竞赛的层次、竞赛的项目内容、竞赛的性质和竞赛的时间(或第几届)。运动会的名称一般用全称,如广西壮族自治区第十三届学生运动会。

(2) 目的任务。简要说明竞赛活动的目的任务。例如,为全面贯彻新时代党的教育方针,根据《广西壮族自治区人民政府办公厅关于强化学校体育 促进学生身心健康全面发展的实施意见》(桂政办发〔2017〕78号) 精神和《学校体育工作条例》,进一步推进学校体育改革发展,落实立德树人根本任务,深化体教融合,积极备战第一届全国学生(青年) 运动会,围绕"教会、勤练、常赛"学校体育工作要求,落实"健康知识+基本运动技能+专项运动技能"学校体育教学模式,共同举办一届"简约、安全、精彩"并具有广西特色的学生运动会。

(3) 赛事权责单位、时期和地点。竞赛活动应写明主办单位、协办单位、承办单位,比赛开始和结束日期、举办地点。

(4) 竞赛项目设置和组别设置。竞赛规程要明确规定设置的竞赛项目及组别(一般指综合性运动会,如广西壮族自治区第十三届学生运动会),单项比赛的规程写明各组别的各个竞赛小项目。

(5) 参加单位和人数。竞赛规程应明确参赛单位,以及参加人数规定(男、女运动员人数,领队、教练及工作人员),可报名参加项目数,每项限报人数规定。

(6) 运动员的参赛资格。运动员资格是指参赛运动员的条件或标准,包括运动员年龄、健康状况、代表资格等。例如广西壮族自治区第十三届学生运动会，一是基本条件规定为中华人民共和国公民；具有所代表各设区市、高等学校和区直中等职业学校（不包括技工学校、体育运动类专业学校）的正式学籍的全日制在校、在读学生（以报名时间为准），成人高等教育系列的学生不得报名参赛；遵守学生守则、运动员守则和有关反兴奋剂的管理规定；经二级以上（含二级）医院检查，证明身体健康。二是特殊规定年龄要求、限制性赛事要求、户籍规定。

（7）竞赛办法。竞赛规程应明确所采取的竞赛方法、各阶段采用的方式竞赛方法，以及确定名次及计分办法。同时，也应明确竞赛处罚方法、比赛使用场地、器材和设备。

（8）竞赛规则。竞赛规程要明确规定采用的规则和有关特殊补充内容。

（9）录取名次与奖励。竞赛规程要明确规定竞赛录取的名次及办法，以及有关奖项评选和奖励办法。

（10）报名办法。竞赛规程应明确规定报名方式和办法，如报名时间、报送方式、联系人等，以及不按报名规定的处理办法。

（11）竞赛分组。竞赛规程应明确竞赛分组的方式和方法，如设置种子队、采取抽签；同时要说明抽签的方式、日期和地点。

（12）其他事项。竞赛规程要明确比赛的经费、交通、食宿等事项，并明确对规程解释权的归属单位。

三、组委各部分工作任务

(一) 建立组织机构

成立竞赛组织委员会，下设办公室、竞赛组、宣传组、后勤组、保卫组、场地组、裁判组。竞赛活动同时要成立资格审查和纪律监督委员会、仲裁委员会。大型综合性运动会的每一个单项比赛，必须设立单项竞赛委员会。

(二) 各部门不同阶段的工作内容

1. 组织委员会

组织委员会是整个竞赛组织工作的最高领导机构，全面负责赛事工作，一般设主任、副主任及若干名委员组成。

2. 组委会办公室

办公室是组委会的综合职能部门，主要任务是拟订文件、组织会议、文档管理、督促调控和上传下达。

3. 竞赛部

竞赛部主要任务是负责运动竞赛方案的制定与实施，是竞赛组织管理过程中处于核心地位的办事机构，一般由主任、文秘、竞赛管理和行政内勤等人员组成。

4. 宣传部

宣传部主要任务是负责运动会的宣传、报道工作。

5. 后勤部

后勤部是大型运动会组织机构中的重要部门，一般由财务管理、行政管理、生活、交通、接待服务、医务等工作人员组成。

6. 保卫部

保卫部是由主办或承办单位内部的保卫组织、公安机关和有关部门共同组成。

7. 大型活动部

大型活动部由办公室内勤、服装道具、财务管理和表演排练等专职人员组成。

第二节 竞赛编排与成绩计算方法

竞赛制度是参赛的各队之间如何进行比赛的方法。气排球比赛分有淘汰制、循环制和混合制。常用比赛制度是循环制，循环制是参赛的各队，在整个竞赛或同一小组中彼此都有相遇的机会，循环制又分为单循环、双循环和分组循环三种。

一、单循环

单循环是各参赛队在整个竞赛中相遇一次。

(一)比赛的轮数和场数的计算

比赛轮数:在循环赛区中,各队都参加完一场比赛即为一轮。参赛队数为单数时,比赛轮数等于队数,如5个队参加比赛,则比赛轮数为5轮;参赛队数为双数时,比赛轮数等于队数减1,如6个队参加比赛,则比赛轮数为5轮。

比赛场数:单循环比赛的场数可用下面的公式进行计算:

$$比赛场数 = 队数 \times (队数 -1) \div 2$$

(二)编排方法

(1)贝格尔编排法。把参赛队数一分为二编成号数(参赛队为单数时,最后以"0"表示,以形成双数),前一半的号数由1号开始,自上而下写在左边;后一半的号数,自下而上写在右边,然后用横线把相对应的号数连接起来即为第一轮的比赛;第二轮将第一轮右上角的编号("0"或最大的一个号数)移到左上角;第三轮又移到右上角,以此类推,即单数轮次时"0"或最大的一个代号应在右上角,双数轮次时则在左上角。根据参赛队数的不同,"1"朝逆时针方向移动位置时应按规定的间隔数移动。无论多少队,第一轮后将"1"逆时针移到左下角,其间隔数就是该队数编排时的移动间隔数。"0"或最大代号数应先于"1"移动好位置。"1"进行间隔移动时,凡遇到"0"或最大代号数时应越过,不作间隔计数。最后一轮时,必定是"0"或最大代号数在右上角,"1"在右下角,如表9-1所示。

表9-1 竞赛队伍编队方法

参赛队数	4队以下	5~6队	7~8队	9~10队	11~12队
间隔数	0	1	2	3	4

以8支队参赛为例,"1"轮转的间隔数为2。编排方法如表9-2所示。

表9-2 以8支队为例编队方法

第一轮	第二轮	第三轮	第四轮	第五轮	第六轮	第七轮
1—8	8—5	2—8	8—6	3—8	8—7	4—8
2—7	6—4	3—1	7—5	4—2	1—6	5—3
3—6	7—3	4—7	1—4	5—1	2—5	6—2

续表

第一轮	第二轮	第三轮	第四轮	第五轮	第六轮	第七轮
4—5	1—2	5—6	2—3	6—7	3—4	7—1

现行气排球比赛多以各队上届比赛所取得的名次数作为代号，如第一名为"1"，第二名为"2"，依次类推。也有的气排球比赛采用抽签方法确定代号。

(2) 固定左上角逆时针循环编排法。气排球比赛也常采用这种编排方法，以 6 支队参加比赛为例，其循环方法如表 9-3 所示。

表 9-3　固定左上角逆时针循环编排法（6 支队举例）

第一轮	第二轮	第三轮	第四轮	第五轮
1—6	1—5	1—4	1—3	1—2
2—5	6—4	5—3	4—2	3—6
3—4	2—3	6—2	5—6	4—5

(3) 比赛成绩记录表。以五局三胜制为例制订比赛成绩表，如表 9-4 所示。

表 9-4　比赛成绩记录表

队名＼成绩＼队名	广西民大	玉林师院	贺州学院	广西民大相院	桂林学院	南宁师大	胜场	积分	C值	Z值	名次
广西民大		3:2 / 2	3:0 / 3	3:0 / 3	3:1 / 3	3:1 / 3	5	14			1
玉林师院	2:3 / 1		3:1 / 3	3:1 / 3	3:0 / 3	0:3 / 0	3	10	1.375		3
贺州学院	0:3 / 0	1:3 / 0		2:3 / 1	2:3 / 2	1:3 / 0	1	3			
广西民大相院	0:3 / 0	1:3 / 0	3:2 / 2		0:3 / 0	1:3 / 0	1	2			
桂林学院	1:3 / 0	0:3 / 0	3:2 / 1	3:0 / 3		3:2 / 2	2	6			4
南宁师大	1:3 / 0	3:0 / 3	3:1 / 3	3:1 / 3	2:3 / 1		3	10	1.5		2

二、循环制的成绩计算及决定名次方法

气排球比赛循环制的成绩计算，多采用排球比赛最新方法。

（1）胜场。同组比赛中获胜的比赛场次数量，胜场多者排名在前。

（2）积分。当两队或以上胜场相等时，比赛积分多者排名在前，积分办法如下：比赛结果为 3∶0 和 3∶1 时，胜队积 3 分，负队积 0 分；比赛结果为 3∶2 时，胜队积 2 分，负队积 1 分。

（3）胜负局数比值（C 值）。当两队或两队以上比赛积分仍相等时，全部比赛胜局数与负局数比值大者在前。

（4）总得失分比值（Z 值）。当两队及以上胜负局比值（C 值）仍相等时，全部比赛得分值与失分值比值大者排名在前。

（5）当两队总得分比值（Z 值）仍相等时，两队间比赛结果胜者排名在前；当三队或三队以上 Z 值仍相等时，则仅在该几队之间，按照上述（3）、（4）办法决定名次。

第十章 气排球裁判专题知识

第一节 气排球裁判员的素质和职业道德

气排球裁判员执裁要做到执法公正、公平和统一,应具备优良的思想政治素质、能力素质、心理素质、业务素质四个方面的素质。

一、思想政治素质

思想政治素质是裁判员从事气排球活动所必需的基本条件和基本品质,也是培养、选拔和使用裁判员的重要条件考核。裁判员的思想政治素质在长期临场执裁实践中会逐步形成、发展和成熟。

二、能力素质

(一)人际交往能力

气排球裁判要具备很强的交往能力,具有学识修养和良好性格,注重仪表、举止形象,执裁要自信、热情,执裁中面带微笑,沟通时运用温和、幽默的语言,确保完成具有双向性沟通任务的裁判工作任务。同时,要注意裁判团队的密切配合与团队合作精神。

(二)执行能力

裁判工作是有序的、严谨的,每一场比赛都需要裁判员具有很强的执行能力。一场气排球比赛在赛前、赛中、赛后中,要积极认真执行和落实管委会和裁委会的工作要求和事项布置。

(三) 管理能力

管理能力是裁判执法水平的一部分。第一裁判是责任人，要有效地发挥裁判团队的作用，加强与第二裁判员、司线员和记录台人员的沟通和交流，确保做好裁判的组织工作。

三、心理素质

裁判员的心理素质包括责任感、事业心、大局意识、心理健康状况、心理承受能力和执裁风格。心理素质是裁判员素质的重要组成部分，会影响到裁判的执裁工作，需要加锻炼，做到执裁自信。

四、业务素质

一名裁判员成长要经历3个阶段：一是起步阶段，规范哨音、手势、仪表仪态、熟悉和理解规则；二是成熟阶段，能够理解并运用规则，心理状态稳定成熟，具有一定的执裁经验，能够担任重要赛事裁判工作；三是熟练阶段，能熟练地运用规则，心理素质成熟，具备处理疑难球的能力，能担任国家级国际级赛事裁判工作。

五、如何提高裁判员的业务素质

裁判员应具有高尚的职业道德，严格遵守"严肃、认真、公正、准确"八字方针为准则进行工作，树立始终为比赛和运动员服务的思想，必须始终保持公平公正的职业精神和道德底线。做到认真学习、钻研规则，多看、多学、多练、多问，正确理解规则精神，准确地执裁。要了解气排球技战术发展的趋势，把握气排球规则修改精神，适应气排球运动发展的需要，促进气排球运动的发展，使气排球比赛更加精彩。优秀的裁判员应具备积极的自信、责任、专注、心态、服从、沟通、协作的基本素养，执裁任务时要严肃认真，精神饱满，精力集中，服装整洁，仪表大方。

第二节　气排球裁判员的哨音、手势和站位

一、裁判员的哨音

排球裁判员在临场执行任务时，是依靠哨音来控制、协调和管理比赛的，哨音是裁判员的工作语言。裁判员的哨音应具有丰富的思想内涵，才能正确地运用好哨子进行执裁工作。

(一) 正常的哨音

鸣哨及时果断，哨音有力、响亮、节奏平稳，表现出裁判员的精神面貌具有思维敏捷、反应迅速、富有朝气、身心健康的特征。

(二) 哨音的运用

哨音是裁判员的语言，要恰到好处地表达出裁判员的语气和心声。裁判员要哨音悦耳、节奏平缓、柔和稳定，全身心地投入比赛执裁工作中，做到自始至终地为比赛和运动队服务。

(三) 鸣哨的时机

裁判员临场执裁把握鸣哨时机非常重要，第一、第二裁判员根据本人分工职责，要做到鸣哨及时果断，同时，第一裁判员要掌握比赛前的鸣哨节点把握和控制。

1. 赛前入场和准备活动

气排比赛前双方挑边和丈量网高时，第一裁判员应以轻轻的短促音提醒双方运动队。10分钟正式准备活动练习结束时，第一裁判员鸣哨音必须响亮且稍长。双方运动员入场奏唱完国歌后，第一裁判员应鸣一声响亮而干脆的长哨，示意双方运动员相互致意。

2. 比赛鸣哨

第一裁判员鸣哨发球时，哨声应较长，哨音应响亮，示意比赛开始。比赛中出现界内外球、犯规、位置错误等，鸣哨必须及时、坚决、果断、响亮。暂停、局间和全场比赛结束时要鸣长哨。

3. 赛场管理的哨音

赛场管理哨音以提示为主，连续的、轻微的短音。若是轻微的延误比赛，裁判员应以较为平和的、连续短促的哨音进行提示。若是较为严重的违纪现象，裁判员则应以重哨加以制止。若运动员严重受伤，裁判员应立即以连线的、短促音提示比赛的中断。若比赛受到干扰，裁判员应以短促的重复哨，示意非正常中断比赛。

二、裁判员的手势

裁判员的手势是裁判员的肢体语言，是统一、规范和法定的手势。裁判员比赛中运用手势必须标准、规范、完整，做到明确告知记录台工作人员、运动队、全场观众、新闻媒体的犯规性质、犯规队员、中断比赛原因。

(一) 裁判员的手势动作

第一裁判员有25个手势、第二裁判员有12个手势、司线员有5个旗示，每一个手势（旗示）都表示了不同的犯规性质、界内外球、球队请求、判罚种类，是裁判员执裁通用肢体语言。

(二) 裁判员的手势展示

裁判员鸣哨后应有一个短暂的停顿，迅速环视裁判员执裁团队后做出手势时，动作要准确规范、清晰自然、舒展大方、短暂展示，再收回手势。

(三) 裁判员的手势顺序

第一裁判员鸣哨后，先指出发球方（获得球权方），再指出犯规性质，有必要时再指出犯规队员。第二裁判员鸣哨后，先指出犯规性质，有必要时再指出犯规队员，然后随第一裁判员指出发球方（获得球权方）。

(四) 裁判员的手势配合

第二裁判员协助第一裁判员判断时，应以隐蔽的手势在胸腹前做短暂的示意，第二裁判员不得坚持本人判罚手势。

三、裁判员的手势要点

裁判员单手手势，应用与犯规队同侧手做手势。

判罚球权时，裁判员指向发球方的手臂必须与肩平行、自然伸直、五指并拢，有短暂停留。

换人后，记录员登记、核对完队员位置，举起双手示意第二裁判员，第二裁判员再示意第一裁判员比赛开始。

四、裁判员的站位

(一)第一裁判员的位置

第一裁判员站立在球网一端裁判台上，视线水平须高出球网上沿50厘米以上，第一裁判员多以视线随头部转动进行判罚。发球时，第一裁判员负责看发球方的犯规、攻拦时看进攻方和网上的犯规，视线始终随球移动。

(二)第二裁判员的位置

第二裁判员站在第一裁判员的对面，在网柱与记录台之间，以网柱为中心，左右移动不超过2米。比赛时，站在接发球方换人区内，判断接发球方是否存在位置错误。攻拦时第二裁判员看拦网方的犯规，站在击球方的对面，观察该球是否从标志杆内外通过。暂停时，站在请求队的一侧鸣哨。换人时，面向请求方，站在记录台与网柱中间。

(三)鸣哨后裁判员的位置

第一裁判员鸣哨宣布犯规中止比赛时，第二裁判员必须站在犯规队一方。

第三节 气排球司线员的旗示、站位和判断

司线员工作要坚持16字方针：加强预判、抢好角度、看线等球、出旗果断；临场时必须统一思想、精力集中、站位正确、判断准确、动作规范、旗示标准、配合默契。

一、司线员工作方针

(一)加强预判

预判界内外球时，判断界内外球站位要正对界线，视线判断从球场向边线移动。发球时的预判时，若助跑大力跳发球，负责发球方端线一侧的司线员视

线要落在端线上，关注助跑起跳时是否会踩线，其他司线员则要预判球的落点，视线对准边线和端线，余光观察球的飞行情况，预判球落的地点。扣球的预判时，负责边线的司线员正对边线取位，负责端线的司线员要观察进攻路线，预判球的落点。司线员在预判时主光看线，余光看球的飞行路线。

(二) 抢好角度

司线员在取位时应在界线的延长线上内侧取位，在预判的基础上由内向外观察球的落点，有利于判断界线附近的球。

(三) 看线等球

司线员在预判时把视线放在球的飞行路线上，球朝向分工界线飞行时，可充分利用视线的超前转换，做到看线等球，准确判断。

(四) 出旗果断

司线员判罚要自信，敢于对于自己的判断做出果断出旗，做到坚决、及时和有力。

二、司线员的位置

4名司线员时，各负责一条界线，距线角1～3米。2名司线员时，站在第一、二裁判员右手场区角端处，各自负责一侧的端线和边线，距线角1～2米。

三、司线员动作要求

(一) 站立

两脚前后自然开立，身体端正，目光平视，旗子自然下垂于体侧。

(二) 准备

比赛时，右脚后撤一步，重心下降，上体略前倾成稍蹲，小臂稍屈，旗子自然斜垂于体前，随时调整重心，做好抢好角度看线等球准备。

(三) 出旗

出旗时，右脚上前并步，立正同时展出旗示，脚到旗到。动作舒展大方，大臂带小臂发力，立正姿势目视第一裁判员。

(四) 收旗

司线员必须用法定旗示指出犯规性质，在短时间展示后，收旗还原成站立姿势。

四、比赛仪式的要求

司线员比赛仪式，赛前协助裁判员检查整理场地；第一裁判员召集双方队长选边时，司线员列队记录台侧后方；介绍裁判员时，司线员并列在无障碍区外判罚区旁；第一裁判员走向裁判台时，司线员列队沿边线走向自己的位置，在无障碍区底端挡板处准备，两脚开立，双手持旗于体后；局间时，司线员站立在无障碍区外判罚区旁；比赛结束随裁判员退场后，站立于记录台侧后。

第四节　气排球裁判员配合工作

一、裁判员之间配合的要求

(一) 每个裁判员要各尽其责

裁判员执裁工作的认真负责和准确判断是裁判员之间良好配合的先决条件，临场裁判员要正确对待分工、认真做好每一次判罚工作。

(二) 每个裁判员的判断要及时

裁判员之间的相互配合，要做到判罚和哨音必须及时、响亮，做到一声哨。

(三) 每个裁判员之间要相互尊重

规则明确规定第一裁判员根据规则所做出的判定为最终决定，有权更改认为错误的判罚，但也应尊重其他裁判的判罚，确保执裁公正公平。

(四) 裁判员之间要经常保持联系

裁判员临场执裁时要加强联系，第一裁判员在判罚时应先观察第二裁判员配合手势和司线员示旗动作，避免出现误判。

二、第一裁判员与第二裁判员配合

在赛前，第一裁判员和第二裁判员要进行交流、沟通，了解对比赛双方运动队的认知、对比赛背景的理解程度，执裁习惯和特点。比赛中第二裁判员应该用眼神、手势和肢体进行积极的配合，也称为眼睛语言、肢体语言、手势语言。第一裁判员不能清楚看见犯规时，第二裁判员可面向第一裁判员，在胸前做短暂犯规性质手势，来配合第一裁判员。第二裁判员做手势前必须移动丢分球队一侧。

(一) 发球和接发球

运动员发球时，第一裁判员负责看发球一方，有无发球犯规和发球队位置错误等犯规；第二裁判员负责看接发球一方，有无接发球队位置错误等犯规。

(二) 扣球和拦网

击球和拦网同时进行时，第一裁判员负责进攻方，主要判断进攻性击球犯规；第二裁判员负责拦网方。

(三) 后排犯规

后排进攻性击球犯规和后排拦网犯规时，第一、第二裁判员都可以鸣哨。

三、裁判员与司线员配合

(一) 第一裁判员与司线员的配合

在比赛中，第一裁判员判罚每一个球时都要用余光观察司线员，尽量不要去改变司线员的判罚。对界内外球的判断，第一裁判员应尊重司线员的判断，当球落在界线附近时，应先观察司线员，再做出判罚。对后场区球触身体出界的判断，第一裁判员要依靠和尊重司线员判罚。当发球队员踏及端线，或在发球区外起跳发球时，司线员应主动做出判断旗示。当两名司线员判罚时，一个出示界内球，另一个出示界外球，在这种情况下应该判为界外球。球是否从过网区过网，由离飞行路线最近的司线员做出判断。

(二) 第二裁判员与司线员的配合

对第二裁判员一侧球触标志杆，或从标志杆外及延长线上的过网的判断，以及第二裁判员一侧的界内外球的判断，要与司线员配合，共同判断。

四、司线员之间的配合

两名司线员各负责一条边线和一条端线，当球落在两人负责的界线交叉的角附近时，应由两名司线员协同判断。一是谁看到界外球谁先出旗，另一名司线员配合出旗。如若两名司线员都未看出是界外球，则同时做出界内球的旗示。二是按主线和辅线职责处理。如球的落点侧重在边线，则由负责边线的司线员主要判断，另一名司线员配合判断。

五、裁判员与记录员的配合

（一）第一裁判员与记录员之间的配合

第一裁判员与记录员要在双方运动队挑边、换人、暂停、不良行为处罚和延误判罚，以及决胜局交换场地等工作方面做好沟通和配合。

（二）第二裁判员与记录员之间的配合

比赛期间，第二裁判员与记录员要在核对场上位置、运动队暂停次数、换人及次数、发球位置，以及判罚、延误处罚登记方面做好沟通和配合工作。

第五节 网上球的判断

比赛执裁工作中，第一裁判员的判断重点在网上、手上和线上3个方面。

一、网上球的概念

气排球规则的"球网附近的球""球网附近的队员""进攻性击球""拦网"都对网上球做了明确的规定。在临场执裁工作中，裁判员必须认真学习规则，正确理解规则，准确运用规则，要以规则作为裁判工作的依据。

二、网上球判断的范围

（一）球网附近的球

球网附近的球是指在球网附近传击的球。当球的整体高于网上端，但没有飞向对方场区时，裁判员执裁时应注意击球持球、连击犯规，后排球员进攻击球是否进入对方场区、触及对方拦网队员的手，拦网队员是否将手伸过对方场区触及球，或触及球网垂直面上的球；当球体低于网上端时，裁判员执裁时应注意击球持球、连击犯规，以及在第一次、第二次击时对方队员是否过网击球。

(二) 球在球网垂直面上空

球在球网垂直面上空时，裁判员在执裁判罚时应垂直正对球网，重点判断击球的先后时间、击球点的位置、区分进攻击球和拦网击球。

(三) 飞向对区的球

当球飞向对方场区但尚未过网时，本方队员可传球、进攻性击球；本方队员可平行网传击时，对方球员不得过网击球；本方队员进攻性击球后，对方球员可过网拦网；本方队员第三次击球后，对方队员可过网击球。飞到球网垂直面的球，按球网垂直面上方的球判断。飞到对方场区的球，本方队员不得过网击球；不得早于对方球员击球；若对方采取进攻性击球后，本方队员可过网拦网。

三、网上球的判断原则

(一) 注意球网的假设面

裁判员执裁判罚时，应时刻注意球网上空的假想垂直面，准确判罚球体所在场区以及击球是否过网。

(二) 正确选择最佳的判决位置

裁判员执裁时要选择最佳位置，选择有利观察、分配和转移注意力视野范围的位置，确保能做出正确分析、判断掌控。常见的选择位置方法有身体位置正对球网、身体位置的高低、身体位置微侧向进攻方以及身体位置前后偏移等。

(三) 必须确定后再判定

气排球比赛，网上球争夺激烈，第一裁判员必须做到准确分析和把握判断，依靠裁判员团队做出判罚。

(四) 裁判员对网上球的判断

裁判员执裁对网上球判罚时，要重点关注球是否过网，判断球是否过网要依据球是否直接触及拦网球员的手。

(五) 判断打手出界

网口上方的攻防激烈，球经常触及拦网队员手的两侧后飞出界、上方后飞出界外，触及标志杆后触及拦网手、球触及拦网队员手后触及标志杆，球同时触及拦网队员手和标志杆。

(六) 队员触网犯规判断

执裁触网犯规时，在球网上端的触球网判罚，第一裁判员负责进攻队，第二裁判员负责拦网方。执裁重点判断队员触网与球网触、死球与触网时间。

(七) 过网击球犯规的判定

过网击球犯规有过网击球和过网拦网犯规。当接发球飞向对方场区时，裁判员要观看击球点位置和球网关系，利于球网上空假想垂直面来判断击球部分所在空间，以及击球动作是否触网犯规；当接发球飞向球网时，要判断击球向上或回传时，拦网队员是否过网拦网犯规；

一方队员完成进攻性击球后，若防守队员过网拦网改为进攻击动作，应判为过网击球犯规；当球飞向对方场区时，应先判断是传球还是进攻击性击球，再判定是否可过网拦网，以及双方先后的击球时间。

(八) 后排违例

后排队员进攻犯规要严格遵循踏及或越过进攻线、球完全高于球网、完成进攻性击球三个条件。

(九) 拦网

判断拦网触球点与球网，触球时身体必须有一部分高于球网才算拦网动作；拦网队员允许把手伸向对方场区拦网，须符合对方击（第一、第二次击球）后，球飞向对方场区；且没有对方队员准备击球；第三次击球后过网拦网。

参考文献

[1] 国家体育总局编写组. 深入学习习近平关于体育的重要论述 [M]. 北京：人民出版社，2022.

[2] 虞重干. 排球运动教程 [M]. 北京：人民体育出版社，2009.

[3] 黄汉升. 球类运动——排球 [M]. 北京：高等教育出版社，2007.

[4] 王树明. 运动技能学习与控制 [M]. 北京：高等教育出版社，2019.

[5] 潘立勇. 审美与休闲：和谐社会的生活品质与生存境界研究 [M]. 北京：高等教育出版社，2019.

[6] 徐国琦. 奥林匹克之梦 中国与体育 1895—2008 [M]. 广州：广东人民出版社，2019.

[7] 陕甘宁边区体育史编审委员会. 陕甘宁边区体育史 [M]. 西安：陕西人民出版社，1990.

[8] 傅砚农. 中国体育通史 [M]. 北京：人民体育出版社，2008.

[9] 国家体委政策研究室. 体育运动文件汇编（1949—1981）[M]. 北京：人民体育出版社，1982.

[10] 国家体育总局. 改革开放 30 年的中国体育 [M]. 北京：人民体育出版社，2008.

[11] 赵超君，等. 体育教学技能实训教程 [M]. 北京：高等教育出版社，2016.

[12] 王亚琼，等. 运动竞赛学 [M]. 北京：北京师范大学出版社，2014.

[13] 陆卫平. 排球竞赛与裁判方法 [M]. 北京：北京航空航天大学出版社，2008.

[14] 刘江. 排球裁判员手册 [M]. 北京：北京体育大学出版社，2018.

[15] 黄帅. 普通高校气排球选修课运用领会式教学法的实验研究 [D]. 苏州：苏州大学，2017.

[16] 蒲庭燕. 基于微信公众平台的高校气排球 O2O 教学模式构建与实践 [D]. 武汉：武汉理工大学，2020.

[17] 袁登科. 湖南省气排球运动开展的 SWOT 分析与对策研究 [D]. 长沙：湖

南师范大学，2020.

[18] 史文亚. 广西气排球运动发展研究 [D]. 南宁：广西师范大学，2015.

[19] 王统娟. 福建省气排球运动开展现状及影响运动开展的非技术因素研究 [D]. 福州：福建师范大学，2008.

[20] 董能. 气排球运动对老年人体质影响的研究 [D]. 长沙：湖南师范大学，2007.

[21] 刘国文. 基于SWOT分析的潍坊市高职类院校开展气排球运动可行性研究 [D]. 济南：山东体育学院，2020.

[22] 李杨. 常德城区高级中学气排球教学研究 [D]. 吉首：吉首大学，2016.

[23] 杨红芬. 成都市小学生气排球运动参与动机研究 [D]. 成都：成都体育学院，2016.

[24] 何菊红. 范例教学模式在小学气排球教学中的应用研究 [D]. 成都：成都体育学院，2019.

[25] 黄美方. 气排球游戏教学对5-6岁幼儿注意力稳定性影响的实验研究 [D]. 广州：广州体育学院，2020.

[26] 韩青华. 气排球训练及徒手力量训练对滥用海洛因强戒者身心的影响 [D]. 广州：广州体育学院，2020.

[27] 刘煜伦. 气排球与广场舞锻炼对中老年人主观幸福感影响的比较 [D]. 上海：上海体育学院，2020.

[28] 吴莉婷. 我国高水平青年气排球比赛得失分规律研究 [D]. 福州：福建师范大学，2020.

[29] 李靓. 运动视觉训练对提高不同水平气排球运动员接发球预判能力的实验研究 [D]. 南昌：江西科技师范大学，2021.

[30] 吕雪. 成都市小学生气排球比赛发展特征研究 [D]. 成都：成都体育学院，2021.

[31] 邓佳伟. 翻转课堂教学模式在高校气排球选修课教学中的实验研究 [D]. 苏州：苏州大学，2020.

[32] 王万意. 基于微课的高校女子气排球翻转课堂教学实验研究 [D]. 南昌：江西师范大学，2021.

[33] 张怡. 兰州市气排球运动SWOT态势分析及发展对策研究 [D]. 兰州：西北师范大学，2015.

[34] 杨万展. 天津市大众气排球开展现状及发展对策研究 [D]. 天津：天津体育学院，2021.

[35] 付思洁. 基于OBE：体育教育专业气排球课堂教学模式重构与验证 [D].

南宁：广西民族大学，2021.

[36] 王智慧. 体育强国的评价体系与实现路径研究 [D]. 北京：北京体育大学，2014.

[37] 中国政府网. 全面推进现代化体育强国建设——国家体育总局政策法规司负责人解读《体育强国建设纲要》解读 [EB/OL]. [2019-09-03]. http://www.gov.cn/zhengce/content_5426729.htm.

[38] 人民网. 中国共产党第十九次全国代表大会在京开幕——十九大专题报道 [EB/OL]. [2017-10-19]. http://cpc.people.com.cn/19th/n1/c414305-29595273.html.

[39] 崔乐泉，张红霞. 基于中国共产党百年体育实践的体育强国之路研究 [J]. 武汉体育学院学报，2021,55(7):13-20.

[40] 晓夏. 朝着世界体育强国迈进——访国家体委副主任徐才同志 [J]. 世界知识，1984(1):18-21.

[41] 熊斗寅. 世界体育强国浅析 [J]. 四川体育科学学报，1985(4):1-5.

[42] 广鉴. 世界体育强国简介 [J]. 上海体育学院学报，1986(4):77-80.

[43] 阎世铎. 小康社会与体育强国 [J]. 安徽体育科技，1988(4):2-4.

[44] 何祖新. 对社会主义初级阶段实现体育强国的思考 [J]. 黄淮学刊（自然科学版），1989(S1):34-39.

[45] 王岗. 关于"体育强国"战略目标的科学反思 [J]. 体育文史，1999(1):15-18.

[46] 徐本力. 体育强国、竞技体育强国、大众体育强国内涵的诠释与评析 [J]. 天津体育学院学报，2009,24(2):93-98.

[47] 田麦久，等. 中国体育：体育强国的辨析与建设——中国科协新观点新学说学术沙龙观点摘编 [J]. 体育文化导刊，2009(8):1-13.

[48] 刘一民，赵溢洋，刘翔. 关于体育强国战略若干问题的思考 [J]. 中国体育科技，2010,46(1):32-36,57.

[49] 黄莉. 从体育强国内涵探究体育综合实力构成 [J]. 上海体育学院学报，2010,34(4):15-20.

[50] 汲智勇. 关于体育强国认识的演变历程与发展策略研究 [J]. 体育与科学，2010,31(5):26-29.

[51] 卢文云. 迈向体育强国我国竞技体育发展面临的问题与对策 [J]. 沈阳体育学院学报，2020,39(2):75-81,107.

[52] 张彩珍. 体育发展战略要从国情出发，适应改革需要，为建设体育强国服务 [C]. 中国体育发展战略研究会编. 全国体育发展论文选，北京：北京体育学院出版社，1988.

[53] 田麦久. "竞技体育强国"论析 [J]. 北京体育大学学报, 2008(11):1441-1444.

[54] 春潮, 贾爱萍. 制约我国成为竞技体育强国的瓶颈问题 [J]. 体育与科学, 2011,32(4):95-98,94.

[55] 樊花梅. "体育强国"视域下我国竞技体育人才培养制度的研究 [J]. 西安体育学院学报, 2012,29(5):566-569.

[56] 尹维增, 张德利, 陈有忠. 体育强国梦构建背景下我国竞技体育发展方式转变研究 [J]. 沈阳体育学院学报, 2015,34(1):50-55.

[57] 卢文云. 迈向体育强国我国竞技体育发展面临的问题与对策 [J]. 沈阳体育学院学报, 2020,39(2):75-81,107.

[58] 冯卫. 从竞技体育大国向体育强国演变的思考 [J]. 广州体育学院学报, 2009,29(4):14-15,46.

[59] 刘梅英, 田雨普. 体育强国背景下我国群众体育事业发展的困境和突破 [J]. 南京体育学院学报(社会科学版), 2009,23(3):27-30,41.

[60] 刘小俊. 体育强国视阈下我国群众体育的发展 [J]. 体育与科学, 2010,31(3):69-72,103.

[61] 张永保, 沈克印. 体育强国目标下发展群众体育的路径探讨 [J]. 武汉体育学院学报, 2010,44(12):79-86.

[62] 李静. 试论群众体育发展对体育强国建设的影响 [J]. 体育文化导刊, 2012(6):32-34.

[63] 王智慧, 丁学龙, 刘志敏. 群众体育发展对体育强国建设影响的研究 [J]. 体育文化导刊, 2012(7):26-30.

[64] 纪惠芬. 从十九大报告解读群众体育国策和体育强国内涵 [J]. 广州体育学院学报, 2019,39(2):5-8.

[65] 孔庆鹏. 考察归来的思索——学校体育是体育强国的根基 [J]. 体育与科学, 1988(1):44-47.

[66] 刘红梅, 裴海泓. 中国成为体育强国的梦想与现实——对中国学校体育的思考 [J]. 中国体育科技, 2010,46(1):49-53.

[67] 平杰. 体育强国视域下我国青少年体育的发展 [J]. 上海体育学院学报, 2011,35(1):47-50,66.

[68] 党挺. 体育强国进程中我国学校体育的困境与发展 [J]. 西安体育学院学报, 2011,28(6):752-755,764.

[69] 梁平安. 体育强国建设进程中学校体育发展的思考 [J]. 教学与管理, 2012(36):122-123.

[70] 梁大宇,关朝晖,高飞.体育强国之路学校体育先行[J].社会科学战线,2013(6):281-282.

[71] 董翠香,茹佳,季浏.体育强国视阈下中国学校体育发展方式探究[J].北京体育大学学报,2011,34(11):88-92.

[72] 张剑威,刘东锋.体育强国研究:综述与展望[J].体育与科学,2021,42(2):12-22.

[73] 王子朴,朱亚成.新时代中国体育强国建设中的体育产业发展逻辑[J].北京体育大学学报,2018,41(3):8-13,47.

[74] 缪伟舰,王颖,吴国生.迈进体育强国体育产业资本市场创新体系发展战略[J].体育与科学,2010,31(2):33-36,66.

[75] 杨强.体育强国发展战略的思考:突破与不足——基于《关于加快发展体育产业的指导意见》的解读[J].体育科学,2010,30(9):12-17.

[76] 王辉.向体育强国迈进的体育产业资本市场创新体系构建研究[J].山东体育学院学报,2011,27(5):18-23.

[77] 袁建国,布特,高宇飞,等.建设体育强国的体育产业指标体系构建[J].上海体育学院学报,2016,40(3):30-33.

[78] 吴学峰.体育强国背景下体育产业融合研究[J].广州体育学院学报,2018,38(5):30-33.

[79] 张玲玲,程林林.打造支柱性体育产业助力体育强国建设的思考[J].成都体育学院学报,2019,45(6):24-26,32.

[80] 王凯.体育强国建设背景下体育产业强省建设的思考[J].体育学研究,2019,2(6):33-39.

[81] 鲜一,程林林.体育强国建设背景下体育产业链现代化研究[J].体育文化导刊,2020(3):78-84.

[82] 任波,黄海燕.体育强国建设背景下我国体育产业现实问题与发展策略[J].体育文化导刊,2022(4):68-74,89.

[83] 崔乐泉.体育强国建设需要丰厚的体育文化土壤[C].中国科协第二十八期新观点新学说学术沙龙,2009,5:27.

[84] 冯建中.加强体育文化建设 迈向体育强国——在全国体育文化工作会议上的讲话[J].体育文化导刊,2011(8):1-8.

[85] 刘纯献,刘盼盼,冉祥华,等.试论体育文化与体育强国建设[J].体育文化导刊,2013(5):1-3,15.

[86] 黄迎乒,孙文平.体育文化对体育强国建设助推作用研究[J].体育文化导刊,2011(3):9-12.

[87] 王智慧. 体育强国战略背景下体育文化实力的维度解析与提升路径研究 [J]. 体育与科学, 2011,32(4):28-34.

[88] 种莉莉, 孙晋海. 建设体育强国背景下我国传统体育文化对外传播的现状与对策 [J]. 武汉体育学院学报, 2011,45(10):76-79.

[89] 苟明, 杨辉. 体育强国背景下提升体育文化整体实力的路径研究 [J]. 成都体育学院学报, 2016,42(1):18-22.

[90] 程文广, 罗嘉司, 夏一冰, 等. 体育强国梦下我国体育文化价值审视 [J]. 体育文化导刊, 2017(10):7-11.

[91] 孙楚, 谢慧松, 厉素霞, 等. 体育强国建设背景下体育文化自信的生成逻辑与实践路径 [J]. 体育文化导刊, 2021(5):28-34.

[92] 吴超, 阎涛, 柴王军, 等. 论实现体育强国目标的软法建设研究 [J]. 山东体育学院学报, 2012,28(2):13-17.

[93] 朱麒瑞. 论新时代体育强国建设背景下的中国体育法研究 [J]. 沈阳体育学院学报, 2020,39(6):57-64.

[94] 贾文彤, 齐文华. 超越：从形式法治到实质法治——实现体育强国目标对体育法治建设的时代呼唤 [J]. 河北师范大学学报（哲学社会科学版）, 2012,35(6):40-46.

[95] 张元章, 吴燕, 张巧巧, 等. 体育强国建设背景下我国体育外交话语权的提升路径分析 [J]. 辽宁体育科技, 2022,44(1):54-59.

[96] 王莉, 阚军常. 参与全球体育治理, 推进体育强国建设——基于主场外交视角 [J]. 山东体育学院学报, 2020,36(2):10-17.

[97] 位小龙, 于方方. 学校体育课程思政一体化建设价值、挑战与优化策略 [J]. 体育文化导刊, 2022(2):104-110.

[98] 李运. 中国梦视野下建设体育强国的意义与路径 [J]. 体育科技文献通报, 2015,23(6):122-123.

[99] 李中国, 黎兴成. 我国高校教师教学研究的热点状况分析 [J]. 教育研究, 2015(12):59-66.

[100] 禾木. 排球家族的新成员——气排球 [J]. 中国排球, 1994(3):27.

[101] 林永铭. 气排球运动的健身观测 [J]. 福建体育科技, 2001(3):29-31,42.

[102] 蔡志源. 创新的气排球 [J]. 解放军体育学院学报, 2004(2):67-68.

[103] 梁益军. 高等学校公共体育开设气排球的可行性研究 [J]. 北京体育大学学报, 2007(S1):367,369.

[104] 刘利鸿, 葛春林, 孙平. 我国气排球运动推广研究 [J]. 体育文化导刊, 2015(11):38-41.

[105] 罗俊波，李镇国，陈同辉．广州市小学气排球运动的开展现状——以广州市银河小学为例 [J]．哈尔滨体育学院学报，2020,38(4):74-78.

[106] 蔡志源．气排球的基本技、战术研究 [J]．北京体育大学学报，2005(2):288-289.

[107] 陈空清．老年优秀气排球运动员膝关节损伤调查研究 [J]．吉林师范大学学报（自然科学版），2006(4):105-107.

[108] 于贵身．气排球运动对老年人主要生理指标的贡献研究 [J]．河南师范大学学报（自然科学版），2012,40(1):168-170.

[109] 李荣娟，张瑞，陆碧琼，等．气排球运动对中老年女性身体成分及骨密度和肌肉力量的影响 [J]．内蒙古师范大学学报（自然科学汉文版），2016,45(2):285-288.

[110] 姚鲆，陈铁成．福建省高校开设气排球课的可行性研究 [J]．体育科学研究，2011,15(5):63-68.

[111] 刘杰．陕西省普通高校开设气排球选修课的可行性研究 [J]．才智，2017(11):169,171.

[112] 丁海波．中小学体育健康课程开设气排球的可行性研究 [J]．当代体育科技，2014,4(18):54-55.

[113] 陆勇，邹丹，谢东，等．休闲体育——气排球课程教学探索 [J]．广西师范学院学报（自然科学版），2006(2):125-128.

[114] 凌齐，叶茵．构建气排球技术课与影像分析课堂教学模式的研究 [J]．运动，2013(20):68-69.

[115] 王潇，黄子宜．气排球课基于实行 PBL 教学模式的实验研究 [J]．福建体育科技，2019,38(5):60-64.

[116] 刘曙亮，张一丹，王守钧．高校公共体育气排球选项课应用动态分层递进教学模式的实验研究 [J]．浙江师范大学学报（自然科学版），2019,42(1):110-114.

[117] 朱清华，贾昊臻．基于"O2O"模式下高校体育气排球教学改革探索 [J]．当代体育科技，2019,9(16):4,6.

[118] 周伦春，陈建忠．气排球运动及其在中学的开展——兼谈气排球特色技术攻防阵式 [J]．运动，2010(3):123-124.

[119] 林雪峰．气排球创新传球技术分析及训练方法研究 [J]．忻州师范学院学报，2011,27(2):37-40.

[120] 姚鲆，王幼华，白群，等．气排球与室内排球技术的比较分析 [J]．体育科学研究，2008(3):55-56.

[121] 刘利鸿，孙平，许军，等. 南宁市第八届运动会气排球联赛男子决赛中扣球技术运用分析 [J]. 体育科技，2013,34(1):52-55.

[122] 刘利鸿. 广西气排球技战术的新进展 [J]. 体育科技，2014,35(2):47-49.

[123] 张锰锰. 第六届全国绿色运动会气排球赛老年男子组技战术研究 [J]. 当代体育科技，2017,7(20):161-162.

[124] 唐立. 气排球"3+2"发球接发球站位之我见 [J]. 体育世界（学术版），2018(5):111-112.

[125] 陈空清. 莆田市气排球运动兴起的社会学研究 [J]. 河南教育学院学报（自然科学版），2007(4):79-81.

[126] 孙太华. 气排球运动在我国兴起的社会学分析 [J]. 安徽体育科技，2010,31(6):10-12.

[127] 万格格，刘伟. 气排球的大众文化属性探析 [J]. 当代教育理论与实践，2015,7(9):181-184.

[128] 郭世超，姚绩伟. 气排球竞赛拦网判罚的疑点及解决路径 [J]. 青少年体育，2022(1):73-75.

[129] 黄美，邓荣彪. 情境教学法在高校气排球课的实验研究 [J]. 体育科技，2020,41(5):138-139.

[130] 权翠，闫岩，曾莹. 普通高校公共体育"气排球"课程实施研究性教学的路径构建 [J]. 体育科技，2021,42(6):101-103.

[131] 乔庆森. 自组织理论在嘉祥县大众气排球运动中的探析 [J]. 当代体育科技，2020,10(1):45-46.

[132] 陈晓枫. 气排球与硬式排球技术教学实验对比研究 [J]. 武术研究，2020,5(2):137-139.

[133] 史宏雨，陈丽娜，史亚军. 气排球与室内排球基本技术教学效果的对比研究 [J]. 冰雪体育创新研究，2021(23):53-54.

[134] 张蕾，张罗罗. 全民健身战略中气排球运动在高校推广的价值研究 [J]. 体育科技，2020,41(1):141-142.

[135] 陈筠，罗文全. 我国高校气排球教学可行性分析 [J]. 运动，2018(16):91-92.

[136] 吴永刚. 高校开展气排球教学的可行性研究 [J]. 当代体育科技，2018,8(7):99-100.

[137] 唐立. 湖南科技学院气排球运动的发展现状与对策研究 [J]. 体育世界（学术版），2019(11):106-107,116.

[138] 靳强，金伟. 我国气排球发展策略 SWOT 分析 [J]. 体育文化导刊，2017

(3):56-61.

[139] 钟秉枢, 董进霞. 气排球——老少皆宜的新型活动[J]. 中国学校体育, 1994(6):40.

[140] 林永铭. 气排球运动的健身观测[J]. 福建体育科技, 2001(3):29-31,42.

[141] 陈海春. 老年气排球运动的健身价值[J]. 闽江学院学报, 2004(5):117-119.

[142] 蔡志源. 实施品牌战略 把气排球品牌做大做强——闽南地区老年人气排球项目调研与对策研究[J]. 漳州师范学院学报(自然科学版), 2006(1):105-107.

[143] 黄明熙. 教学改革下高校气排球教学实践探索[J]. 体育世界(学术版), 2018(7):19-20.

[144] 林永铭. 气排球运动的健身观测[J]. 福建体育科技, 2001(3):29-31,42.

[145] 陈海春. 老年气排球运动的健身价值[J]. 闽江学院学报, 2004(5):117-119.

[146] 蔡志源. 实施品牌战略 把气排球品牌做大做强——闽南地区老年人气排球项目调研与对策研究[J]. 漳州师范学院学报(自然科学版), 2006(1):105-107.

[147] 陈宁. 全民健身概论[M]. 北京: 高等教育出版社, 2022.

[148] 李龙. 从"运动"到"活动": 新时代全民健身理念的重大转变[J]. 北京体育大学学报, 2019,42(5):13-21.

[149] 陈丛刊, 陈宁. 新时代全民健身的内涵特征、战略定位与实践指向[J]. 天津体育学院学报, 2022,37(6):738-744.

[150] 任海. 了不起的人类健身工程——试论我国《全民健身计划》[J]. 体育与科学, 1994(2):18-20.

[151] 熊斗寅. 从国际大众体育发展趋势展望我国全民健身计划的发展前景[J]. 体育科学, 1998(2):3-8.

[152] 谭华. 世界体育发展与我国的全民健身计划[J]. 成都体育学院学报, 1996(2):1-5.

[153] 李宗述, 陈伟, 李万来等. 当前全民健身存在的主要问题及解决途径[J]. 成都体育学院学报, 2000(2):8-11.

[154] 陈孝平. 论"全民健身"活动的意义[J]. 上海体育学院学报, 1995(1):13-16.

[155] 白晋湘, 夏晨晨, 李丽. 我国全民健身与民族传统体育和谐互动发展研究[J]. 体育学研究, 2022,36(3):1-7.

[156] 罗超毅. 论体育强国建设背景下全民健身与竞技体育的和谐发展 [J]. 北京体育大学学报, 2013,36(2):1-4.

[157] 刘小静, 钟秉枢, 蒋宏宇. 协同治理视角下我国竞技体育与全民健身发展中的问题与思考 [J]. 北京体育大学学报, 2022,45(2):84-95.

[158] 邱希, 杜振巍. "健康中国 2030" 背景下全民健身与全民健康深度融合发展的基本态势及发展策略 [J]. 武汉体育学院学报, 2021,55(11):41-49.

[159] 张波, 刘排, 葛春林, 等. 全民健身与全民健康融合发展研究 [J]. 体育文化导刊, 2019(5):28-33.

[160] 姚鲆, 吴志鹍, 连道明, 等. 气排球运动在全民健身中的作用与推广前景 [J]. 体育科学研究, 2007(2):25-27.

[161] 刘曼. 气排球运动在全民健身中的作用与推广前景 [J]. 当代体育科技, 2016,6(7):121-122.

[162] 蔡腊香. 气排球在全民健身中的作用与推广前景研究 [J]. 黄冈职业技术学院学报, 2016,18(3):56-58.

[163] 林峰, 叶宝华. 全民健身与体育文化视角下的气排球研究 [J]. 体育科学研究, 2007(3):24-26.

[164] 陈础. 南宁市全民健身现状调查分析——以气排球运动为例 [J]. 企业科技与发展, 2009(24):189-192.

[165] 刘红兵. 浅谈气排球运动对促进学生身心发展的意义 [J]. 新西部 (下旬. 理论版), 2011(9):256.

[166] 刘友康, 高鹏辉. "健康中国"战略下气排球健身价值研究 [J]. 运动, 2016(17):134-135.

[167] 魏琳, 车晓波. 当代全民健身计划下上海市校园气排球运动推广策略研究 [J]. 当代体育科技, 2018,8(1):227-229,231.

[168] 展利民. 全民健身背景下气排球运动的价值及发展途径研究 [J]. 当代体育科技, 2019,9(31):184-185.

[169] 张蕾, 张罗罗. 全民健身战略中气排球运动在高校推广的价值研究 [J]. 体育科技, 2020,41(1):141-142.

[170] 王益平. 气排球运动在全民健身中的作用与推广发展 [J]. 文体用品与科技, 2023(13):25-27.

[171] 杨创. 全民健身视域下气排球运动的价值与推广研究 [J]. 文体用品与科技, 2023(12):40-42.

[172] 赵振红. 池州市贵池区中老年气排球运动发展的健身价值研究 [J]. 当代体育科技, 2022, 12(8):99-102.

[173] 黄强,黄涛."终身体育"视域下中老年气排球运动价值与风险管理研究[J]. 体育科技,2021,42(1):49-50,55.

[174] 刘浩月,李嘉成. 全民健身背景下气排球竞赛规则的嬗变[J]. 安徽体育科技,2020,41(4):62-65.

[175] 鲍明晓. 体育产业基本理论问题研究[J]. 体育科研,2005(4):22-29.

[176] 史红军. 对体育产业内涵与外延的认识[J]. 武汉体育学院学报,2001,(5):45-46.

[177] 李建设,童莹娟. 体育产业的关联效应与产业特性研究[J]. 天津体育学院学报,2006(5):378-380.

[178] 黄海燕,张林,陈元欣,等. "十三五"我国体育产业战略目标与实施路径[J]. 上海体育学院学报,2016,40(2):13-18.

[179] 于俊振. 我国体育产业发展现状和展望[J]. 现代营销(下旬刊),2020(9):172-173.

[180] 邓超. 我国体育产业发展结构分析[J]. 现代营销(下旬刊),2020(9):174-175.

[181] 何强. 智慧体育产业发展的国际经验与本土策略[J]. 北京体育大学学报,2023,46(8):41-49.

[182] 段娟娟,李荣日. 体育产业演化的动力机制:理论逻辑与推进路径[J]. 沈阳体育学院学报,2023,42(3):120-128.

[183] 孙侃然,康露. 人口转型视域下中国体育产业发展应对策略[J]. 体育与科学,2023,44(1):97-106.

[184] 黄海燕. 中国式现代化进程中的体育产业:发展趋势与变革路径[J]. 西安体育学院学报,2022,39(6):526-536.DOI:10.16063/j.cnki.issn1001-747x.2022.06.003.

[185] 徐开娟,黄海燕,廉涛,等. 我国体育产业高质量发展的路径与关键问题[J]. 上海体育学院学报,2019,43(4):29-37.DOI:10.16099/j.sus.2019.04.005.

[186] 李超,王正宝,卢小萍. 新科技发展趋势与体育产业机遇研究[J]. 广州体育学院学报,2021,41(6):37-39.

[187] 李在军,李正鑫,崔亚芹. 数字经济赋能体育产业高质量发展:机理、表现、问题与对策[J]. 沈阳体育学院学报,2023,42(2):1-8.

[188] 吴宝升,袁建国,高宇飞. 体育强国战略中我国体育产业地位与提升路径研究[J]. 吉林体育学院学报,2016,32(2):7-17.

[189] 许智勇. 体育强国视角下体育产业发展模式创新研究[J]. 南京体育学院学报,2023,22(2):32-37.

[190] 魏琪嘉. 以体育产业高质量发展助推体育强国建设[J]. 经济, 2023(8): 30-33.

[191] 毛备密. 关于排球产业发展模式的研究[J]. 文体用品与科技, 2023(16): 118-120.

[192] 云吒. 新时代背景下我国排球产业发展现状与对策研究[J]. 文体用品与科技, 2019(23):57-58.

[193] 问梅, 李俊. 基于足球行业对我国排球产业发展的借鉴研究[J]. 湖北体育科技, 2017,36(1):1-3.

[194] 程茜. 浙江省气排球运行模式研究[D]. 北京：北京体育大学, 2022.

[195] 蒋诗泉. 论基层群众体育俱乐部对发展群众体育的影响[J]. 南京体育学院学报, 2002,16(1):22-23.

[196] 白喜林. 中国职业排球俱乐部的经营现状与发展对策[J]. 北京体育大学学报, 2000,3(1):22-23.

[197] 薛文敏, 彭中东. 对湖北省群众体育俱乐部运作模式的探究[J]. 武汉体育学院学报, 2006,6(7):83-86.

[198] 李雷, 张再宁. 体育消费与体育产业间关系的研究[J]. 南京体育学院学报, 2001,15(2):20-21.

[199] 杨玲. 经济新常态下的体育产业与大众消费[J]. 沧州师范学院学报, 2016,32(2):85-88.

[200] 邓亚萍. 中国体育产业发展机遇[J]. 清华金融评论, 2021,9(8):28-30.

[201] 林峰, 叶宝华. 全民健身与体育文化视角下的气排球研究[J]. 体育科学研究, 2007(3):24-26.

[202] 杨枝创, 陈晓龙. 广西红水河流域秀排球比赛项目市场化运作研究[J]. 理论研究, 2012,64(5):275-276.

附 录

附录一 裁判员手势图（邹凌馨示范）

表明的性质	裁判员手势	表明的性质	裁判员手势
允许发球：挥动发球队一侧手臂		暂停：一臂屈肘抬起，另一手手掌放在该手指尖上，然后指明提出请求的队	
交换场地：两臂在体前、体后绕体旋		过网击球或过网拦网：一手掌心向下，前臂置于球网上空	

续表

表明的性质	裁判员手势	表明的性质	裁判员手势
换人：两臂屈肘在胸前绕环		发球时球未抛起：一臂慢慢举起，掌心向上	
持球：屈肘慢举前臂，掌心向上		队员进攻性击球犯规或前场区击球犯规：一臂向上举起，前臂向下摆动	
得分、发球队：平举发球队一侧手臂		界内球：手臂和手斜指向地面	
界外球：两臂屈肘上举，手掌向后摆动		进入对方场区或球从网下通过：手指指向中线	
双方犯规和重新发球：两臂屈肘，竖起拇指		发球掩护或拦网犯规：两臂上举，掌心向前	

续表

表明的性质	裁判员手势	表明的性质	裁判员手势
发球未过网和队员触网：一手触犯规队一侧球网		触手出界：用一手掌摩擦另一手屈肘上举的指尖	
连击：举起两个手指并分开		四次击球：举起四个手指并分开	
发球延误：举起八个手指并分开		位置错误或轮转错误：一手食指在体前绕环	
一局或全场比赛结束：两臂在胸前交叉		轻微不良行为的警告：一手持黄牌	
粗鲁行为：一手持红牌，对方得一分并发球		冒犯行为：一手持红牌和黄牌，取消该局比赛资格	
延误警告：两臂屈肘举起，用黄牌指手腕（警告）		延误判罚：两臂屈肘举起，用红牌指手腕（判罚）	

表明的性质	裁判员手势	表明的性质	裁判员手势
侵犯行为：两手分别持红牌、黄牌，取消球员该场比赛资格			

附录二　司线员旗示图（邹凌馨示范）

表明的性质	司线员旗势	表明的性质	司线员旗势
界内球：向下示		界外球：向上示	
触手出界：一手举旗，另一手放置在旗顶上		无法判断：双手胸前交叉	
球触标志杆或队员发球时脚的犯规：一手举旗晃动，另一手指标志杆或端线			